Reisen in die Heimat

Band 1

Alexander Kierdorf

RHEIN

regionale2010

Alexander Kierdorf

Reisen in die Heimat Band 1

Rhein

Zwischen Drachenfels und Bayer-Kreuz

J.P. BACHEM VERLAG

regionale2010

Bildnachweis:
Titelbild: Presseamt Stadt Bonn/Michael Sondermann

Alle Bilder: Alexander Kierdorf, außer: Archiv der Stiftung Bundeskanzler-Adenauer-Haus, Bad Honnef-Rhöndorf: S. 32 o., 152; Archivbild Bleikertz: S. 174; Archivbild Longerich: S. 175; Bayer AG: S. 168; Bayer Business Services / Corporate History & Archives: S. 170 u.; Bollen, Markus: S. 102; Bonn Visio – Bonner Bogen (Foto: Thomas Riehle): S. 43; Die Wacht am Rhein: S. 177; Fischereimuseum Bergheim an der Sieg, Visualisierung: architekturwerkstatt ac, hks Architekten + Gesamtplaner: S. 61; Friesenhagen, Tim: S. 129, 136, 151, 164; Harst, Hubert: S. 145; Hollmer, Alexander: S. 88, 99; Köln-Düsseldorfer Deutsche Rheinschiffahrt AG: S. 118; Liese, Aurette: S. 113; Oelmann, Hubertus: S. 91, 105 o., 130, 148; Pixi/Fotolia.de: S. 29 u.; Planorama Landschaftsarchitektur: S. 126; Pool 2 Architekten, Plandrei Landschaftsarchitekten, WWG Königswinter: S. 30; Rakoczy, Csaba Peter: S. 113 u.; Regionale 2010-Agentur: 17, 20, 25, 30 f., 32 u., 36 f., 44-48, 54, 57 u., 63, 65 u., 69 u., 70, 72 f., 74 u.–77, 92 f., 97 o., 101, 105 u., 107, 111, 114, 123, 149; Regionale 2010-Agentur/Ralf Schuhmann: S. 21, 28, 29 o., 34 f., 62, 71, 161; Rheinisches Bildarchiv Köln: S. 55, 112, 119, 124 f., 137 f., 160, 185; Sammlung Fastenrath, Rheinfährenarchiv: S. 135 o.; Sammlung Herbert Weffer: S. 45 u.; Stadtarchiv Leverkusen: S. 169; Stadtentwässerungsbetriebe Köln, AöR: S. 104; Stadtmuseum Bonn (Foto: Wolfgang Morell), www.bonn.de/stadtmuseum: S. 27; Stadtmuseum Landeshauptstadt Düsseldorf/VG Bild-Kunst, Bonn 2010: S. 68; Wikimedia Commons/ HOWI: S. 122*; Wikimedia Commons/ Jpetersen: S. 39**; Wikimedia Commons/ public domain: S. 26, 42, 89

Bibliografische Information der Deutschen Nationalbibliothek
Die Deutsche Nationalbibliothek verzeichnet diese Publikation in der Deutschen Nationalbibliografie; detaillierte bibliografische Daten sind im Internet über http://dnb.d-nb.de abrufbar.

1. Auflage 2010

Redaktion: Martina Dammrat, Christoph Hölzer, Reimar Molitor und Miriam Moser, Köln
Lektorat: Kirsten Nagel, Köln
Bildredaktion: Aurette Liese, Köln
Kartengestaltung: KGS Schlaich, Geislingen
Kartenausführung: Angelika Solibieda, cartomedia, Karlsruhe
Einbandgestaltung und Layout: Heike Unger, Berlin
Reproduktionen: Reprowerkstatt Wargalla GmbH, Köln
Druck: Grafisches Centrum Cuno, Calbe
Printed in Germany
ISBN 978-3-7616-2330-5

Titelbild: Der Rhein bei Bonn, im Hintergrund das Siebengebirge

Blick vom Ufer bei Köln-Porz auf den Weißer Rheinbogen

Vom Reisen in die Heimat

Mark vom Hofe

In die Heimat reisen, die gewohnte Umgebung mit anderen Augen sehen, Bekanntes wiederentdecken und Neues erkunden – das ist das Ziel der Buchreihe **Reisen in die Heimat**. Möglich wird dies durch die Regionale 2010, jene „Rheinische Welt-Ausstellung", die nach sechs Jahren der Ideensammlung, Projektentwicklung, Kreativität und Fantasie in die Umsetzungsphase gestartet ist und 2010 vorstellen will, welche zukunftsweisenden Projekte in der Region Köln / Bonn in Angriff genommen wurden.

Die Regionale 2010 verfolgt ein wesentliches Ziel: Menschen sollen die Zukunft ihrer Heimat selbst in die Hand nehmen. Zwischen Bergheim und Bergneustadt, zwischen Wermelskirchen und Windeck haben dies Politik, Wirtschaft, Einzelhandel, Vereine aus Sport, Kultur und Naturschutz, Wohlfahrtsverbände und Bürgerinitiativen – kurz alle, die bei Projekten der Zukunft mitsprechen und sie mitgestalten wollen – getan. Sie haben die Initiative ergriffen, nicht lokal, sondern regional, über die Grenzen der Gemeinden und Kreise hinaus, ja sogar über das große vereinende, aber zugleich so trennende fließende Band, den Rhein, hinweg.

Die Menschen in der Region sollen sich ihres Schatzes vor der eigenen Haustür oder auf der jeweils anderen Rheinseite stärker bewusst werden. Die Regionale will Brücken schlagen und zeigen, dass sich die Region als eine attraktive, erlebnis- und abwechslungsreiche Gruppe von Kulturlandschaftsräumen darstellt, die eng miteinander verzahnt sind.

Acht ausgesuchte Ziele der Heimat

Fragt man Menschen, was ihnen zum Rheinland einfällt, lautet die Antwort oft: Karneval, Kölner Dom und Siebengebirge. Folglich widmet die

Buchreihe **Köln** und dem **Siebengebirge** je einen Band. Auch der **Rhein**, der dem Land den Namen gibt, muss einen eigenen Band erhalten. Ihnen gemein ist die Mischung aus Bekanntem, regional Besonderem und Innovativem als Ergebnis des Regionale-Prozesses: Informationen, Tipps, Anekdoten und unbekannte Zusammenhänge machen die Ausflüge zu neuen, reichen Erlebnissen.

Der Titel **Vierflüsseland** beschreibt das Gebiet östlich des Rheins entlang der Dhünn, der Wupper und der Strunde und beleuchtet das Zusammenspiel von Mensch und Gewässer bei der Arbeit und der Erholung. Im Osten liegen auch die **Bergischen Höhen**, die von Grünland, Wald und tief eingeschnittenen Tälern geprägt sind und im Raum des „Wasserquintetts" hinter gewaltigen Mauern das Wasser speichern. Die reich gewundenen Flüsse **Sieg und Bröl** schließlich prägen eine besonders reizvolle Landschaft mit großem geschichtlichen Hintergrund, für den Schloss Homburg im Homburger Ländchen steht.

Im Westen der Region verdienen mit **Bonn und Vorgebirge** die ehemalige Bundeshauptstadt und die Kultur- und Naturschätze ihres Umlandes einschließlich des lang gestreckten Waldgebietes Kottenforst ebenso einen eigenen Band wie das größte rheinische Braunkohlegebiet **Entlang der Erft**. Mit dieser Landschaft, die seit Generationen durch den Tagebau geformt wird und in der nun zu den zwei Kölner Grüngürteln ein drittes grünes Band entsteht, schließt sich der Reigen: Wer die gesamte Region erkunden will, hat mit acht Bänden und einem Radführer dazu die Gelegenheit – und die Gewissheit, in jedem Band die bekannten, aber vor allem die unbekannten Besonderheiten, Sehenswürdigkeiten und Eigenarten genannt, erklärt und in ihre regionalen Zusammenhänge eingeordnet zu finden. Auf dass daraus wiederum Heimat werde.

Kulturlandschaftsraum Rhein

Zwischen Mittel- und Niederrhein

Der Rhein ist zwischen Bodensee und Nordsee über eintausend Kilometer lang und durchfließt so unterschiedliche Landschaften wie die Voralpen, das breite elsässisch-badische Oberrheintal, das Rheinische Schiefergebirge und schließlich das niederrheinische Flachland. Diese Landschaften hat der Rhein (oder seine Vorgänger) geologisch und kulturell wesentlich gestaltet und geprägt. Er diente und dient als natürliche Grenze, als oft bequemer Handels- und Reiseweg, als Rohstoff-, Nahrungs- und Energielieferant. Im industriellen Zeitalter wurde er einerseits als Schifffahrtsweg ausgebaut, andererseits als Kultur- und Erholungsraum entdeckt und geschätzt.

Hitdorfer Hafen und Rhein bei Niedrigwasser

Der in diesem Buch beschriebene Bereich umfasst den Großraum Köln-Bonn (in Stromrichtung etwa Kilometer 640 bis 707), der in mehrfacher Hinsicht einen einzigartigen Charakter aufweist. Er beginnt im Süden mit den Ausläufern des Rheinischen Schiefergebirges und endet nördlich von Köln und Leverkusen in typisch niederrheinischen Landschaften. Eine historisch unterschiedliche Prägung erfuhren die beiden Flussseiten: Das linksrheinische Gebiet mit der Freien Reichsstadt Köln war über Jahrhunderte eingebettet in „Kurköln“, das weltliche Herrschaftsgebiet des Kölner Erzbischofs (nicht identisch mit dem größeren Erzbistum). Residenzstadt dieses Bereichs war Bonn. Dagegen gehörte das rechte Rheinufer – mit wenigen Ausnahmen – zum religiös toleranten Herzogtum Berg mit Residenz in Düsseldorf. Dort blieb das Verwaltungszentrum, als nach dem Ende des „Heiligen Römischen Reiches Deutscher Nation“ und einem französisch-napoleonischen Zwischenspiel auf dem Wiener Kongress 1814/15 das ganze Rheinland als Provinz an Preußen fiel.

Diese vier geografisch-historischen Teilbereiche führen in dem von uns betrachteten Kulturlandschaftsraum zu einem natürlichen und kulturellen Reichtum wie auch zu besonderen „Übergangsformen“ zwischen Mittel- und Niederrhein. Von der Bedeutung des Gebietes als Verkehrsraum am Kreuzungspunkt von Nord-Süd- (Rhein) und Ost-West-Verbindungen (Via Belgica, Handelsstraßen durch das Bergische Land) profitierte vor allem der Handel, und seit dem späten 18. Jahrhundert boten die guten Verkehrsverbindungen und die zentrale Lage Vorteile für national und international ausgerichtete Industrien.

Die mehrfachen Einkommensmöglichkeiten entlang des Rheins – Landwirtschaft, Fischerei, Handel, Transportwesen – sorgten für Wohlstand und Wachstum der Ortschaften, wobei man Nachteile wie Hochwasser

Ein Ruderer im Skiff (Einer) unter der Mülheimer Brücke

in Kauf nahm. Das milde Klima und die – auf der Residenzfunktion und später der Universität beruhende – besondere geistig-kulturelle Atmosphäre Bonns legten die Grundlage für die Beliebtheit dieser Region bei finanziell gut gestellten Kreisen. Seit der Industrialisierung stiegen nicht nur in Köln und Bonn, sondern auch in zahlreichen umliegenden Orten die Bevölkerungszahlen erheblich, so dass die gesamte Region mit etwa drei Millionen Einwohnern heute dicht bevölkert ist. Die verbliebenen Naturräume – insbesondere in den gebirgigen Randregionen, aber auch entlang des Flusses – übernahmen bereits im 19. Jahrhundert im Zuge der „Rheinromantik“ wichtige Erholungsfunktionen, die mit der Zunahme der Mobilität ausgebaut wurden.

Rheinkilometerschild auf der Höhe von Köln-Weiß
Autofähre zwischen Bonn-Graurheindorf und Niederkassel-Mondorf

Vom „Mythos" Rhein, wie er das Mittelrheintal prägt, ist unterhalb von Bonn kaum mehr etwas zu spüren. Die symbolische Wirkung, wie sie noch die Wilhelminische Zeit den Kölner (und anderen) Rheinübergängen zumaß und entsprechend formulierte, ist einer technischen Beherrschung gewichen, die mit der Vorstellung vom Rhein als Verkehrshindernis gründlich aufgeräumt hat. Doch noch immer wird der Fluss als der zentrale landschaftliche Höhepunkt der Region empfunden. Seine „Erlebnisqualitäten" zu steigern und auf weitere, bisher unbeachtete Bereiche zu übertragen, ist deshalb gute Tradition in den angrenzenden Kommunen, auch wenn sie damit zunehmend in Konkurrenz zu den wirtschaftlichen und verkehrlichen Interessen treten. Eine beruflich bedingte Beziehung zum Fluss haben heute nur noch wenige; an deren Stelle ist die Freizeit – ob auf oder am Fluss – getreten. Für viele kleinere Ortschaften eröffnet sich hier eine neue Lebenschance, auch wenn Naherholung und Tourismus bisweilen als Gefahr und Belastung gesehen werden. Auch Erhalt oder Wiederherstellung wertvoller Naturräume sind nicht immer mit zunehmenden Besucherströmen zu vereinbaren. Die Erschließung weiterer rheinnaher Gebiete für die Erholung, auch im praktischen Zusammenhang mit der aufwendigen Hochwassersicherung, gilt es hier in nachhaltiger Weise voranzutreiben.
Dieses Buch möchte Sie einladen, den vom Rhein bestimmten Grundlagen und Entwicklungen in der Region nachzuspüren. Einige sind omnipräsent, andere nur lokal bekannt oder fast vergessen. Mit einem Mal ergeben sich Parallelen, Verbindungen, die bei der Betrachtung einzelner Orte kaum wahrgenommen werden. Nimmt man sie zusammen, so erhält man ein vernetztes, historisch durchgängiges Fundament für die „Kulturlandschaft Rhein", das die Besonderheiten dieser Region sichtbar und erlebbar macht.

Am Fähranleger Langel

Monheim
B 8
A 542
A 3
Wupper
Leichlingen
Burscheid
Gr. Dhünn-talsperre
B 232
Erlebnisraum Hitdorf
Hitdorf
A 1
B 9
B 51
B 506
Dhünn
A 57
Erlebnisraum Lev.-Wiesdorf
Leverkusen
Odenthal
Kürten
Erlebnisraum Niehl–Langel
Erlebnisraum Mülheim/Stammheim
Bergisch Gladbach
Sülz
A 57
A 1
B 59
Strunde
A 4
Köln
Erlebnisraum Kölner Stadtzentrum
B 55
Overath
Rösrath
A 4
Erlebnisraum Porz/Zündorf
Frechen
A 3
Erlebnisraum Rodenkirchen
Agger
B 9
Hürth
B 434
B 51
Flughafen Köln/Bonn
B 265
Erlebnisraum Wesseling/ Godorf
Nieder-kassel
B 507
Troisdorf
Lohmar
A 59
B 56
Brühl
Rhein
Siegburg
A 553
Wesseling
B 9
Sieg
Erlebnisraum Mondorf/Siegaue
A 560
A 555
B 56
Hennef
Sankt Augustin
A 3
Bornheim
Erlebnisraum Bundesviertel Bonn
A 61
Alfter
Königswinter
A 562
Erlebnisraum Königswinter/ Drachenfels
B 56
Bonn
B 9
Swisttal
A 42
A 565
N
Swistbach
B 56
B 266
A 61
Meckenheim
Bad Honnef
0
5
km
Rheinbach
Wachtberg
B 42

Erlebnisräume am Rhein

Auf den folgenden Seiten erschließen Ihnen elf „Erlebnisräume" vielfältige und oft wenig bekannte Zugänge zum Rhein. Beginnend am Siebengebirge, steht mal die rechte, mal die linke Rheinseite im Fokus der Betrachtung. Natürliche Gegebenheiten, die Rolle des Flusses in der Geschichte der Orte und Landschaften, die heute erlebbaren Panoramen und Lebensräume sowie die Zukunftsperspektiven werden miteinander verknüpft.

Vom Siebengebirge zum Niederrhein

Am Beginn der Rheinreise steht das Siebengebirge als Abschluss des vom Rhein durchflossenen Mittelgebirgsraumes. Weinbau, Steingewinnung, Fischerei und Schifffahrt prägten das Bild der Orte Nieder- und Oberdollendorf, Königswinter, Rhöndorf und Bad Honnef. Der Drachenfels gehört seit Aufkommen der „Rheinromantik" zu den touristischen Höhepunkten und ermöglicht einen Überblick und eine Einführung in die Geschichte und Kultur der Region.

Das Bonner „Bundesviertel" erinnert in zahlreichen Bauten und anderen Zeugnissen an die ein knappes halbes Jahrhundert dauernde deutsche Teilung und Bonns Funktion als Regierungshauptstadt; gleichzeitig wird hier die angestrebte erneute Transformation Bonns sichtbar.

Im Mündungsbereich der Sieg am rechten Rheinufer zwischen Schwarzrheindorf und Mondorf können Sie den einzigen noch weit-

Die Fähre Zündorf–Weiß ist bei Radlern sehr beliebt.

gehend naturbelassenen Landschaftsraum seiner Art unterhalb der Mittelgebirge erleben. Die traditionsreiche Mondorfer Fähre stellt hier ein wichtiges Verbindungsglied zwischen dem Bonner Norden und dem Rechtsrheinischen dar. Schiffsbau und Fischerei gehören zu den alten Gewerben, die bis heute Spuren hinterlassen haben.
Wesseling am linken Rheinufer ist heute eingeschlossen von petrochemischen Betrieben, die ihren Ursprung in der Entwicklung der Braunkohleverschiffung und -verwertung haben. Die Stadt hat ihre kommunale und kulturelle Eigenständigkeit bewahrt und bemüht sich um eine aktive Außendarstellung der dort ansässigen Industrie. Von den Spuren der Treidler bis zur modernen Hafenanlage bietet sie ihren Besuchern spannende Entdeckungen.
Porz und Zündorf am rechten Ufer waren wichtige Schnittpunkte des Bergischen Handels; so trifft man hier heute noch auf stattliche Kaufmannshäuser. Die Entwicklung der Rheininsel „Groov" zum Freizeitgebiet war Grundlage für die Beliebtheit von Alt-Zündorf als Ausflugsziel. Rodenkirchen ist ebenfalls ein beliebtes Kölner Ausflugsziel, und das schon seit der Gründerzeit. Rund um die Maternuskirche entwickelte sich eine freizeitsportliche und gastronomische Szene, deren Besonderheit die im Rhein verankerten Bootshäuser sind. Auch die jüngsten Hochwasserschutzmaßnahmen der Stadt Köln können Sie hier in Augenschein nehmen.
Beiderseits des Rheins liegen im Kölner Stadtzentrum interessante Sehenswürdigkeiten wie der Rheinauhafen und der Rheingarten in der Altstadt. Neben den Brücken ermöglichen auch Fähren und sogar eine Seilbahn die Überfahrt. Durch große Bauprojekte wie die Umnutzung des Rheinauhafens oder der Alten Messe sind neue Viertel und Sehenswürdigkeiten am Fluss entstanden. Der Deutzer Rheinpark zählt zu

Der alte Treidelpfad zwischen Westhoven und Porz

den historisch und ästhetisch herausragenden seiner Art in Deutschland und eröffnet viele Freizeitmöglichkeiten.
Am anschließenden Uferabschnitt zwischen Mülheim und Stammheim kann die zunehmende Beliebtheit des Wohnens am Strom studiert werden; dazwischen erinnern Industriedenkmale an die weltbekannten Unternehmen, die sich bereits im späteren 19. Jahrhundert in Deutz und Mülheim ansiedelten In Alt-Mülheim hat man trotz stärkster Kriegszerstörung einige vorindustrielle Ensembles retten können, die an die wechselvolle Geschichte dieser Bergischen „Freiheit“ im Dunstkreis des übermächtigen Köln erinnern.
Linksrheinisch ist der Raum zwischen Niehler Hafen und Merkenich von den großräumig geplanten Industrieansiedlungen der 1920er Jahre geprägt. In den isolierten „Rheindörfern“ von Merkenich über Rheinkassel bis Langel dominiert bis heute die typisch niederrheinische, von großen Höfen geprägte Besiedlung in einer aus den „Wanderungen“ des Rheins entstandenen Bruch- und Auenlandschaft.
Nördlich des Bayer-Werks drängt rechtsrheinisch der zentrale Leverkusener Stadtteil Wiesdorf an den Fluss; mit dem „Neuland-Park“ gelang hier die Rückgewinnung und Nutzung einer industriell belasteten Fläche. Über einen schmalen Uferstreifen mit der alten und der neu geschaffenen Wuppermündung gelangen Sie von hier aus ins stille Rheindorf.
Der seit dem 17. bis weit ins 20. Jahrhundert kommerziell genutzte Bergische Hafen Hitdorf markiert den Endpunkt unserer Rheinreise. Er profitierte vom (umgangenen) Kölner Stapel, indem er Bergisches Land und Niederlande verband; große Kaufmannshäuser belegen diese Bedeutung. Heute ist Hitdorf als ruhiger Wohnort mit zahlreichen Erholungs- und Sportmöglichkeiten am Rhein und der „Hitdorfer Seenplatte“ beliebt.

Das „Kap am Südkai“ ist Teil des neuen Kölner Rheinauhafens.

ALLGEMEINE INFORMATIONEN ZU DEN ERLEBNISRÄUMEN

Die Kernbereiche der Erlebnisräume lassen sich am besten zu Fuß erkunden; für längere Strecken ist jedoch ein Fahrrad hilfreich, auch da es sich meist nicht um Rundwege handelt. Fast überall befinden sich ausreichend Parkplätze am Rhein. Über das Wasser sind einige Standorte miteinander verknüpft, lediglich die Kölner „Rheindörfer" sowie Leverkusen und Hitdorf sind nicht per Schiff erreichbar.

Neben den Autofähren ermöglichen mehrere Personenfähren Fahrradfahrern zusätzliche Übersetzmöglichkeiten und damit Rundfahrten auf beiden Rheinseiten. Überhaupt sind die flachen Rheinufer mit den alten Leinpfaden und Auenlandschaften ideale Fahrradgebiete. Auch die gute Verknüpfung mit dem Öffentlichen Nahverkehr ermöglicht Ihnen erlebnisreiche Ausflüge zum Rhein.

UNTERWEGS MIT DEM FAHRRAD

Erlebnisweg Rheinschiene

Diese Fahrradroute zwischen Bad Honnef/Bonn und Duisburg (Fähre Orsoy–Walsum) schildert Radfahrstrecken an beiden Rheinufern aus und bietet thematische Stationen, denen Sie auch in den hier vorgestellten Erlebnisräumen begegnen werden
www.erlebnisweg-rheinschiene.de

Radregion Rheinland

Eine interaktive Tourenkarte ermöglicht eine detailgenaue Planung unter Berücksichtigung von Länge und Schwierigkeitsgrad
www.radregionrheinland.de

UNTERWEGS MIT ÖFFENTLICHEN VERKEHRSMITTELN

Im **Verkehrsverbund Rhein-Sieg (VRS)** können Sie in Köln, Bonn und weit darüber hinaus mit einem Fahrschein alle öffentlichen Verkehrsmittel einschließlich der Nahverkehrszüge der Deutschen Bahn nutzen
www.vrsinfo.de
www.nahverkehr.nrw.de

Auf der Internetseite **mobil-im-rheinland.de** werden alternativ PKW-, ÖPNV- und Fahrradrouten angeboten und nach Fahrzeit, Umweltbelastung und Kosten aufgeschlüsselt

Der „**Freizeitplaner 2010**" im Rahmen der Regionale 2010 bietet Informationen zu Ausflügen in NRW:
www.freizeitplaner2010.de

In vielen Rheinorten sind noch urige Fachwerkgassen zu finden.

UNTERWEGS AUF DEM RHEIN

Passagierschiffsreedereien (Linienverkehr/Rundfahrten)

Köln-Düsseldorfer Deutsche Rheinschiffahrt
www.k-d.com
KölnTourist Personenschiffahrt
www.koelntourist.net
Dampfschiffahrt „Colonia"/Geschw. Weber
www.dampfschiffahrt-colonia.de
Bonner Personenschiffahrt
www.b-p-s.de
Personenschifffahrt Siebengebirge
www.siebengebirgslinie-bonn.de

Autofähren

Mehlem–Königswinter
www.faehre-koenigswinter.de
Bad Godesberg–Niederdollendorf
www.faehre-godesberg.de
Graurheindorf–Mondorf
www.rheinfaehre-mondorf.de
Langel–Hitdorf

Personenfähren

Bonn–Beuel
Wesseling–Niederkassel/Lülsdorf
Weiß–Zündorf
www.faehre-koelnkrokodil.de
Köln/Hohenzollernbrücke–Deutz

WISSENSWERTES

Rheinperlen

Unter diesem Namen veröffentlichen die schönsten Parks am Rhein zwischen Köln-Stammheim und Bonn-Rheinaue ein gemeinsames Veranstaltungsprogramm
www.rhein-perlen.de

Hochwasserschutz Köln

Die Stadt Köln erläutert an vielen Stellen die jüngsten Hochwasserschutzmaßnahmen, etwa in Rodenkirchen. Grundlegende Informationen finden sich unweit des „Kölner Pegels" neben der Deutzer Brücke
www.hkc-koeln.de
www.steb-koeln.de

Binnenschifffahrt

An verschiedenen Stellen, etwa in Niederdollendorf, finden sich Informationstafeln des Bundesverbandes der deutschen Binnenschiffahrt
www.binnenschiff.de

LESETIPP

Mit der Maus auf Rheinreise. 2000 Jahre Geschichte von Düsseldorf bis Mainz. Von Elisabeth Mick. Bachem Verlag, 2007

Blick auf den linksrheinischen Anleger der Autofähre Bad Godesberg–Niederdollendorf

Erlebnisraum Königswinter und Drachenfels

Unsere Tour durch den Erlebnisraum „Königswinter und Drachenfels" beginnt am Fähranleger in Niederdollendorf (Fährstraße). Von hier aus können Sie das Bonner Ufer mit seinen Villen und Industriedenkmalen betrachten. Ein Abstecher über Oberdollendorf führt zum ehemaligen Kloster Heisterbach, einem frühen Ausflugsziel der (Rhein-)Romantik. Am Rhein entlang oder mit der Stadtbahn geht es weiter nach Königswinter, dem Ausgangspunkt der Drachenfels-Besteigung. Auf den Gipfel gelangen Sie mit der Zahnradbahn oder zu Fuß (etwa zweieinhalb Kilometer), Kinder können im Sommer auch auf Eseln nach oben reiten. Auf die unvergleichliche Panoramasicht des Drachenfels-Plateaus folgt der etwa halbstündige Abstieg (oder alternativ die Fahrt) südwärts in den alten Winzerort Rhöndorf, der als Wohnsitz Konrad Adenauers berühmt wurde.

Anfahrt:

ÖPNV: Niederdollendorf, Königswinter und Bad Honnef sind Haltepunkte der rechtsrheinischen Eisenbahnstrecke, außerdem verbindet die alte Siebengebirgsbahn als Bonner Stadtbahnlinie 66 Oberdollendorf, Königswinter, Rhöndorf und Bad Honnef. Heisterbach ist von Königswinter aus über Niederdollendorf mit dem Bus Richtung Heisterbacherrott erreichbar.

Schiff: Niederdollendorf, Königswinter und Bad Honnef werden von verschiedenen Bonner Reedereien mit Ausgangspunkt Alter Zoll angefahren; insbesondere Königswinter ist beliebter Zielort auch der Köln-Düsseldorfer Reederei ab Köln. Autofähren – natürlich auch für Fußgänger und Radfahrer nutzbar – verbinden die linke Rheinseite mit Niederdollendorf, Königswinter und Bad Honnef.

Auto: Die bis Bad Honnef autobahnähnlich ausgebaute B 42 in Verlängerung der A 59 verbindet die Orte zwischen Oberkassel und Bad Honnef. Große Parkplätze finden sich am Fähranleger in Niederdollendorf, am Kloster Heisterbach und unweit der Drachenfelsbahn-Talstation in Königswinter.

Blick von der Rheininsel Grafenwerth auf den Drachenfels

Die „Skyline" von Königswinter

N
0
500
m
Dollendorfer Hardt
Oberdollendorf
Mühlenbachtal
Heister-
bacherrott
B 42
Bhf.
U
Start
P
Kloster Heisterbach
Fähranleger
Niederdollendorf
Nieder-
dollendorf
Petersberg
U
Rhein
Bhf.
Königswinter
Villa Leonhart,
Park
U
Siebengebirgsmuseum
Talstation Drachenfelsbahn
P
Fähranleger
Königswinter
B 9
Drachen-
felsbahn
U
B 42
Wolkenburg
Schloss
Drachenburg
Projektraum:
Königswinter-
Drachenfels
Drachenfels-
plateau
Bad
Godesberg
Drachenfels
321 m
Rhöndorf
Mehlem
Bhf.
U
Adenauer-Haus
B 42
B 9
Bad
Honnef
Nonnenwerth
Grafenwerth

Rund um den Drachenfels

Das Siebengebirge am rechten Rheinufer bildet, von Norden her gesehen, den Auftakt zum „Romantischen Rhein“ und ist seit dem frühen 19. Jahrhundert ein beliebtes Touristenziel. Schon früh entstanden hier im milden, weinbaufreundlichen Mikroklima zahlreiche Sommer- und Alterssitze des wohlhabenden Industrie- und Bildungsbürgertums des Rheinlandes. Man entdeckte das Siebengebirge, in dem bereits seit der Römerzeit vulkanische Gesteine abgebaut worden waren, als Naturdenkmal und setzte sich – auch gegen die ökonomischen Interessen der Einheimischen – früh für seinen Erhalt ein. Vom Drachenfels bieten sich herausragende Panoramasichten sowohl flussaufwärts in das Rheintal wie auch in nördliche Richtung, in die „Kölner Bucht“.

Am Fähranleger von Königswinter-Niederdollendorf

Niederdollendorf

Als Startpunkt unserer Tour durchs Siebengebirge eignet sich der Fähranleger in Niederdollendorf. Während der obere Teil des Doppelorts Nieder- und Oberdollendorf vom Weinanbau geprägt ist (hier, unterhalb des Petersbergs, liegt die nördlichste Anbaufläche des Rheintals), dominierten im unteren Teil von jeher Handel und Schifffahrt. Eine – besonders von Konrad Adenauer geschätzte – „Schnellfähre" verbindet den Ort mit dem gegenüberliegenden Bad Godesberger Ufer. In einer Hauswand unmittelbar am Fluss ist eine der größten Ansammlungen offizieller eiserner Hochwassermarken eingelassen. Die im benachbarten Uferpark stehende Boje ist ein Geschenk der englischen Partnerstadt Cleethorpes an der Humbermündung. Von Anfang April bis Herbst 1945 befand sich zwischen Godesberg und Niederdollendorf mit der Hodges-Brücke eine der größten Pontonbrücken, über die Nachschub für die britische Armee ins Rechtsrheinische geschafft wurde.

Vom Niederdollendorfer Rheinufer haben Sie einen guten Blick auf die Bauten des „Bonner Bogens", wo um die Industriedenkmale der Oberkasseler Zementfabrik ein neues Stadtviertel entsteht (siehe S. 42).

Kloster Heisterbach

Bevor Sie entlang des Rheinufers oder auf der Hauptstraße den Weg nach Königswinter fortsetzen, können Sie als Abstecher das Kloster Heisterbach **(Siebengebirge, Bd. 7)** besuchen. Die Heisterbacher Straße führt von der Hauptstraße neben der Kirche bergauf, durch Oberdollendorf und unterhalb des Petersbergs zum ehemaligen Zisterzienserkloster. Nachdem das Kloster vom Petersberg hinab in ein enges Tal verlegt worden war, entstand hier Mitte des 12. Jahrhunderts eine bedeutende romanische Kirche, von der nach Aufhebung und weitgehendem Abbruch des Klosters

Villen aus dem 19. und frühen 20. Jahrhundert säumen die Rheinufer bei Bad Godesberg.

nur die detailreiche Chorapsis erhalten ist. Die beeindruckende Ruine zieht seit Aufkommen der Rheinromantik im 19. Jahrhundert zahllose Besucher in ihren Bann. Sie wurde aus verschiedenen, in der Nähe gewonnenen Steinsorten errichtet, neben Trachyt vor allem Latit aus dem oberhalb am Stenzelberg gelegenen Steinbruch. Bis 1931 wurde dort noch Stein gebrochen und mit der um 1950 stillgelegten Heisterbacher Talbahn Richtung Rhein befördert. Dieser mittelgraue, feinkörnige Stein prägte bis ins 20. Jahrhundert viele Bauten der Region, etwa die Abtei Altenberg **(Vierflüsseland, Bd. 2)** im bergischen Dhünntal.

Die Chorruine der Klosterkirche Heisterbach

Die Rheinromantik

Es waren vor allem die Engländer, die Ende des 18. Jahrhunderts den Reiz der Mittelrheinlandschaft entdeckten. Ihre Begeisterung übertrug sich auf junge deutsche Künstler und Intellektuelle wie Achim von Arnim, Clemens Brentano und Friedrich Schlegel, die auf der Suche nach einer Alternative zum Klassizismus und seiner Antikenvorliebe waren. Am Rhein fanden sie, was sie suchten: eindrucksvolle, teils noch „wilde“ Natur – nur diese besaß in den Augen der Romantiker Erhabenheit –, malerische Städte und Ruinen.
Am schnellsten verbreitete sich die Rheinromantik in der Literatur. Lord Byron schickte 1812 sein „Childe Harold“ auf Pilgerfahrt, Sammlungen von Liedern, Sagen und Legenden erschienen und Veredeltes wurde bald von rein Erdichtetem ergänzt. Einen wichtigen Anteil hatten sicher auch die in Bonn lehrenden Professoren Ernst Moritz Arndt und August Wilhelm Schlegel. Sie erklärten die Romantik zur Rettung vor den Exzessen der Aufklärung und der Vernunft – diese wurden nicht zuletzt mit den Truppen Napoleons in Verbindung gebracht, die ab 1794 für zwanzig Jahre das Rheinland besetzt hielten.
Die Begeisterung für das Mittelalter führte zur Wiederaufnahme romanischer und gotischer Stilelemente in der Architektur; die Beschäftigung

„He gazed on the Rhine“, Stich von William Miller nach einer Vorlage von Birket Foster, 1872 (Ausschnitt)

mit Baudenkmälern war einer der Ursprünge der modernen Denkmalpflege. Vor allem der unvollendete Torso des Kölner Domes regte die Phantasie an – die Parallele zur „unvollendeten" Deutschen Nation war nicht weit.

Während für die Vergangenheit geschwärmt wurde, waren es die Errungenschaften der Industrialisierung, wie Dampfschiff und Eisenbahn, die die Rheinlandschaft erst weitgehend gefahrlos erreich- und erlebbar machten. Aus der Verbindung historischer und nationaler Aspekte (der „deutsche" Rhein) wandelte sich die frühe Rheinromantik zum politisch aufgeladenen Statement einerseits, zu einer der ersten touristischen Massenbewegungen andererseits. Malerei und vor allem Druckgrafik – in Alben gefasst – verbreiteten in unzähligen Varianten die Schönheiten des Rheintales. Als Schwellenraum von der norddeutsch-niederländischen Flachlandschaft zu den Mittelgebirgen war der Raum Köln-Bonn dabei beliebtes Ziel wie auch Ausgangspunkt für längere Reisen.

Die so entstehende Bewegung wurde schon in der 2. Hälfte des 19. Jahrhunderts zu einer wichtigen ökonomischen Grundlage der Ortschaften am Mittelrhein, mit einer touristischen Infrastruktur, die von Schiffsanlegern, Hotels und Gaststätten bis zu neuen Attraktionen wie Denkmälern und Bahnen zu Aussichtspunkten reichte. Der Drachenfels ist bestes Beispiel dafür.

Doch die Anziehungskraft drohte in Zerstörung zu enden. So manches Ortsbild wurde durch Eisenbahnstrecken hart an der Uferkante beeinträchtigt. Vor allem der exzessive Bau von Privathäusern und „Residenzen" führte schließlich zu ersten Schutzmaßnahmen. Letztlich hatte die Rheinromantik wenig Einfluss auf den Ausbau des Flusses zur modernen Großschifffahrtsstraße. Bis heute bildet sie jedoch ein starkes Fundament für die internationale Berühmtheit dieses Stroms.

„Lustige Rheinfahrt" von Caspar Scheuren, 1839

Königswinter

Über Niederdollendorf fahren wir nun weiter nach Königswinter. Dank einer Verkehrsplanung, die Eisenbahn und die autobahnähnliche B 42 zwischen Berg und Ort legte, ist die Rheinfront von Königswinter von Verkehrsbauten und Emissionen frei geblieben, wie sie viele Talorte beiderseits des Rheins belasten. Die streckenweise eingleisige Siebengebirgsbahn bis Bad Honnef fügt sich fast unsichtbar in die Promenade ein, die durch ihre niedrige, raumbildende Lindenallee geprägt ist. Am südlichen Ende der Promenade liegt der Fährpunkt, der Königswinter mit dem Bonner Stadtteil Mehlem verbindet. Sogar einige historische Hotels und Villen haben am Rheinufer überlebt. Der öffentliche Park der Villa Leonhart wurde im Rahmen der Regionale 2010 neu gestaltet und dient nun als grüner Ruhepunkt.

An der Kellerstraße, einer der zur rheinparallelen Hauptstraße hinaufführenden Gassen, befindet sich in einem Wohnhaus des 18. Jahrhunderts das 1934 eröffnete Siebengebirgsmuseum. Es thematisiert weit über die Stadtgeschichte hinaus die Gestalt und historische Entwicklung des Siebengebirges und seines Rheinabschnittes. Neben Zeugnissen zum „Steinhauer-"Wesen und zum Weinbau nimmt die Geschichte der Rheinschifffahrt und der Rheinromantik großen Raum ein. Der Platz gegenüber dem Museum ist Lord Byron als einem der Väter der Rheinromantik gewidmet.

Talstation Drachenfelsbahn

Über mehrere Wege, etwa die Bahnhofstraße und die Drachenfelsstraße, streben seit Jahrzehnten zahlreiche Besucher der Talstation der 1883 eröffneten Drachenfelsbahn zu. Entsprechend hat sich hier eine ganz besondere kommerzielle touristische Atmosphäre entwickelt. Mit dem

Am Anleger von Königswinter herrscht lebhafter Ausflugsverkehr.

Ausbau der Talstation zu einem Informationszentrum soll einer drohenden Vernachlässigung entgegengewirkt werden. Vor der Station steht unter einem Schutzdach eine Zahnrad-Dampflok aus dem frühen 20. Jahrhundert; die Bahn selbst wurde in den 1950er Jahren elektrifiziert, während ihre Schwesteranlage auf dem Petersberg aufgegeben wurde. Außer mit der Zahnradbahn kann der Drachenfels, mit 321 Metern der niedrigste der Siebengebirgsgipfel, auch zu Fuß (über die Drachenfelsstraße oder durch das „Nachtigallental") und auf Eselsrücken (nur Kinder) bestiegen werden. Die Esel dienten früher auch dem Steintransport.

Schloss Drachenburg

Auf halber Höhe, dem Kuckstein-Plateau, wurde 1882–1884, also gleichzeitig mit der Zahnradbahn, die hier eine Mittelstation besitzt, das „Schloss Drachenburg" errichtet. Der Prunkbau in romanisch-gotischen Formen entstand auf Initiative des aus Bonn stammenden, an der Pariser Börse reich gewordenen Barons Stephan Sarter. Wahrscheinlich war nicht zuletzt der zunehmende Massentourismus ein Grund dafür, dass Sarter den Bau nie selbst bewohnte, sondern mit seiner aufwendigen Ausstattung frühzeitig der Öffentlichkeit zugänglich machte. Der für den Bau verwandte rote Eifelsandstein bildet einen Kontrast zum lokalen Steinmaterial.

Zu den Prunkräumen des Baus zählen das Treppenhaus mit historischen und allegorischen Szenen,

In Königswinter führen alle Straßen zum Rhein.

Schloss Drachenburg

das „Nibelungenzimmer“ (seit Wagner wurde Siegfrieds Drachenkampf mit dem Drachenfels verbunden, so gibt es auch eine Nibelungenhalle), ein Trinkzimmer und die „Kunsthalle“. Die Wand-, Decken- und Glasgemälde wurden von führenden Werkstätten und seinerzeit berühmten akademischen Malern, überwiegend aus München, ausgeführt.
Nach mehreren Nutzungswechseln und problematischen „Restaurierungen“ durch Privathand in den 1980er Jahren erwarb 1989 das Land NRW das Anwesen und übertrug es seiner Stiftung für Natur- und Kulturpflege. Nach fast zwei Jahrzehnten sind die Außen- und Innensanierung inzwischen weitgehend abgeschlossen, und auch der Park soll in der historischen Form wiederhergestellt werden. Als kulturgeschichtliches Denkmal des Historismus und der Rheinromantik soll das Schloss vor allem sich selbst – in nun fachgerecht und dauerhaft restaurierter Form – vorstellen.
In der Vorburg befindet sich – passend zur Tradition des Siebengebirges als eines der ältesten deutschen Naturschutzgebiete – ein Archiv und Museum zur Geschichte des Naturschutzes.

Das Drachenfelsplateau

Nun geht es weiter zum Gipfel, von wo aus Sie den einzigartigen Blick den Rhein hinauf und hinunter genießen können. Der Bau eines Denkmals für die Befreiungskriege im Jahre 1814 erhob das Drachenfelsplateau zum Wallfahrts-

Entwurf zur neuen Aussichtsterrasse auf dem Drachenfelsplateau

ort mit nationaler Note und ergänzte damit seine herausragende landschaftliche Situation. Dabei drohte dem vulkanischen Felsgipfel im frühen 19. Jahrhundert die endgültige Zerstörung. Die Qualität des hier abgebauten Steins, aber vor allem auch die Nähe zum Rhein, die es ermöglichte, den Stein über Rutschen direkt ans Flussufer zu befördern, hatten schon in der Römerzeit zur Anlage von Steinbrüchen **(Siebengebirge, Bd. 7)** geführt; einen „römischen Hafen" hat es jedoch sicher nicht gegeben.

Der gelblich weiße, mit teilweise recht großen Kristallen durchsetzte Trachyt vom Drachenfels gehörte zu den beliebtesten Gesteinen der Baumeister zwischen Bonn und Xanten. Das Kölner Domkapitel etwa ließ für seine Baustelle in der von ihm gepachteten „Domkaule" an der Rheinseite unterhalb der sogenannten „Siegfriedfelsen" Steinmaterial gewinnen. In der Barockzeit verlagerte sich die Abbautätigkeit in die Latitsteinbrüche sowie zur benachbarten Wolkenburg, deren Gipfel weitgehend abgetragen wurde. Als 1840 wieder mit dem Dombau begonnen wurde, unternahm man nochmals den Versuch, echten Drachenfels-Trachyt abzubauen. Die erreichbaren Mengen blieben jedoch minimal, so dass man schließlich in Köln auf eine Reihe anderer Steinsorten zurückgriff, etwa Schlaitdorfer und Obernkirchener Sandstein.

Adenauer-Haus in Rhöndorf

Vom Drachenfelsplateau weisen Schilder den Weg zur „Siegfriedkanzel" und weiter nach Rhöndorf. Dieser bereits zu Bad Honnef gehörende Weinbauort liegt auf der Südseite des Drachenfels. Hier, an einem ebenfalls seit dem 19. Jahrhundert beliebten bürgerlichen Rückzugsort, ließ der von den Nationalsozialisten vertriebene Kölner Oberbürgermeister Konrad Adenauer 1937 von seiner Abfindung ein Haus für sich und

Blick vom Drachenfels auf das Inselpaar Grafen- und Nonnenwerth

seine Familie bauen. An einem ehemaligen Weinberg südöstlich des historischen Ortskerns gelegen, gewährt es hervorragende Ausblicke. Die von der Löwenburgstraße abzweigende Konrad-Adenauer-Straße führt zum modernen Empfangs- und Ausstellungsgebäude der Trägerstiftung, die Führungen durch das oberhalb gelegene Haus und seinen ausgedehnten Garten anbietet.
Auch als Adenauer in die Bundespolitik eintrat, zunächst als wichtige Persönlichkeit des in Bonn zusammentretenden Parlamentarischen Rates und dann als erster Bundeskanzler, blieb er in Rhöndorf wohnen. Nach seinem Tod 1967 schenkten seine Erben das Haus und seine Ausstattung dem Staat zur Schaffung einer Gedenkstätte. Begraben ist Adenauer auf dem nahe gelegenen Waldfriedhof am Ende der Löwenburgstraße.

Ausblick: Bad Honnef

Während Rhöndorf durch mehrere Verkehrsstränge vom Rhein getrennt ist (das Ufer blockiert gar eine mehrstöckige Wohnanlage), liegt vor Bad Honnef, dem letzten Ort vor der Landesgrenze zu Rheinland-Pfalz, das Inselpaar Grafen- und Nonnenwerth mit dem dazwischen verlaufenden Hauptstrom. Grafenwerth ist heute an der Oberstromseite vom Fluss abgetrennt und zudem durch zwei Brücken mit dem „Festland" verbunden. Der dazwischen liegende Altarm dient als Yachthafen; auch ein Ruderclub hat hier seine Steganlage, ein beliebter Startpunkt für Tagesfahrten den Rhein hinab.

Der Alterssitz Konrad Adenauers in Rhöndorf kann im Rahmen von Führungen besucht werden.
Schiffsanleger auf der Insel Grafenwerth

Regionale 2010 Königswinter-Drachenfels

Die „Gesamtperspektive Königswinter-Drachenfels" befasst sich als städtebauliches Schwerpunktprojekt der Stadt Königswinter und des Rhein-Sieg-Kreises im Rahmen der Regionale 2010 mit einem Entwicklungskorridor vom Rheinufer in der Altstadt von Königswinter bis hoch auf den Drachenfels mit der Burgruine sowie den angrenzenden Landschaftsräumen. Miteinbezogen sind die Talstation der Drachenfelsbahn, die Mittelstation und Schloss Drachenburg. Ziel des Projektes ist es, ein Konzept zur zukunftsgewandten Entwicklung des Raumes zu entwickeln, das den Anforderungen von Stadtentwicklung, Naturschutz und Tourismus sowie der kulturhistorischen Bedeutung des Ortes gerecht wird. Königswinter und der Drachenfels sollen wieder zu einem hochwertigen Tourismus- und Naherholungsziel werden.
Konkret sind unter anderem folgende Einzelprojekte geplant oder bereits umgesetzt:

- Tourismusachsen Altstadt: Neugestaltung von Wegen und Plätzen
- Vermittlungssystem: Informationen zur Kulturlandschaft und einheitliche Ausschilderung
- Park Villa Leonhart: Umgestaltung in einen Bürgerpark
- Siebengebirgsmuseum: Erweiterung mit Schwerpunkt Rheinromantik
- Mittelstation Drachenfelsbahn: Wiederherstellung der historischen Eingangssituation zu Schloss Drachenburg und von historischen Sichtachsen
- Drachenfelsplateau: Abbruch des Großrestaurants und Neubau einer Aussichtsterrasse mit Gastronomie

Kern des Siebengebirgsmuseums ist ein barockes Palais.

TOURISMUSINFORMATION

Tourismus Siebengebirge GmbH
(in der Talstation der Drachenfelsbahn)
Drachenfelsstr. 51
53639 Königswinter
Tel. 02223 / 91 77 11
www.siebengebirge.com

Stadtinformation Bad Honnef
Rathausplatz 2–4
53604 Bad Honnef
Tel. 02224 / 988 27 46
www.termine-badhonnef.de

Informationen zum Projekt **Gesamtperspektive Königswinter-Drachenfels** der Regionale 2010 unter:
www.koenigswinter2010.de

UNTERWEGS

Drachenfelsbahn
Bergbahnen im Siebengebirge AG
Drachenfelsstr. 53
Tel. 02223 / 920 90
www.drachenfelsbahn-koenigswinter.de
Abfahrten mindest. halbstündlich sowie bei Bedarf; Betriebspause Mitte November bis Anfang Januar
Tickets: Erw. 9 €, Kinder 5 € (jeweils Berg- und Talfahrt), Kinderwagen/Hunde 1 €

Schiffstouren
Linienverkehr Bonn–Königswinter–Linz:
www.b-p-s.de
www.siebengebirgslinie-bonn.de
Linienverkehr Köln–Bonn–Königswinter–Linz: www.k-d.de

Fahrplan der **Fähre Königswinter–Mehlem** unter: www.faehre-koenigswinter.de
Fahrplan der **Fähre Niederdollendorf–Bad Godesberg**: www.faehre-godesberg.de

HEREINGESCHAUT!

Siebengebirgsmuseum
Kellerstr. 16
53639 Königswinter
Tel. 02223 / 37 03

Zwischen Rhein und Drachenfels liegen zahlreiche Einkehrmöglichkeiten.

www.siebengebirgsmuseum.de
Wegen Erweiterung und Neugestaltung voraussichtlich bis Mitte 2011 geschlossen

Schloss Drachenburg
Drachenfelsstr. 118, 53639 Königswinter
Tel. 02223 / 901 97-0
www.schloss-drachenburg.de
Täglich außer Mo 10–18 Uhr, in den NRW-Schulferien auch Mo, Nov.–März Sa, So nur bis 17 Uhr
Eintritt: Erw. 3,50 €, Kinder/erm. 2 €, Schlossbesichtigung mit Führung (private Innenräume): 3 € zzgl. Eintritt pro Person
Führungen stündlich 11–17 Uhr

Naturpark-Haus Siebengebirge
Verschönerungsverein für das Siebengebirge
Königswinterer Str. 409 (Margarethenhöhe), Eingang Löwenburger Straße
53639 Königswinter
Tel. 02223 / 90 94 94
www.naturpark-siebengebirge.de
Apr.–Sept. Di–Do 9–16 Uhr, Fr 9–12 Uhr, Sa 15–17 Uhr; Okt.–März 14–16 Uhr, So 12–16 Uhr; Eintritt frei

Gedenkstätte Bundeskanzler-Adenauer-Haus
Konrad-Adenauer-Str. 8c
53604 Bad Honnef-Rhöndorf
Tel. 02224 / 92 12 34
www.adenauerhaus.de
Di–So 10–16.30 Uhr (Juli–Sept. bis 18 Uhr), letzte Führung zum Wohnhaus 16 Uhr, geschlossen an den meisten Feiertagen und an Karneval, Eintritt frei

SEA LIFE Königswinter
Rheinallee 8, 53639 Königswinter
Tel. 02223 / 29 72 97
www.sealifeeurope.com
Tägl. 10–18 Uhr, im Winter Mo–Fr bis 17 Uhr
Eintritt: Erw. (ab 15 Jahren) 14,50 €, Kinder 9,95 €; div. Ermäßigungen; Anmeldung für Schulen und Gruppen: Tel. 0180 / 566 69 01 01

LESETIPPS
Sehnsucht Rhein. Rheinlandschaften in der Malerei. Von Karsten Keune. Bouvier-Verlag, 2007
Steine für den Kölner Dom. Von Esther von Plehwe-Leisten, Elmar Scheuren, Thomas Schumacher, Arnold Wolff. Verlag Kölner Dom, 2004

Königswinter ist Haltepunkt vieler Rheintouren.

Erlebnisraum Bundesviertel Bonn

Der Erlebnisraum „Bundesviertel Bonn" bietet Ihnen einen etwa eineinhalb- bis zweistündigen Rundgang zu den historisch wichtigsten Bauten der „Bonner Republik" sowie einigen städtebaulichen und kulturgeschichtlichen Aspekten aus der Geschichte Bonns. Entlang der Rheinpromenade können Sie die landschaftliche und architektonische Gestalt der Stadt in ihrem Bezug zum Rhein erkunden. Das Haus der Geschichte und das Ernst-Moritz-Arndt-Haus ermöglichen vertiefte Einblicke in die ältere und jüngere politische Geschichte der Stadt und der Bundesrepublik. Zusätzlich können Sie den Rundgang mit weiteren historischen Stätten wie dem Konrad-Adenauer-Haus in Rhöndorf (siehe S. 31) oder dem Hotel auf dem Petersberg verbinden.

Wen es im Anschluss ins Grüne zieht, dem bietet der Freizeitpark „Rheinaue" südlich des Bundesviertels vielfältige Erholungsmöglichkeiten rund um Themengärten, einen See mit Bootsverleih und ausgedehnte Rasenflächen.

Anfahrt:

ÖPNV: Als ehemalige Hauptstadt besitzt Bonn ein modernes U-Bahn-System. Vom Bonner Hauptbahnhof aus fahren die Stadtbahnlinien 16, 63 und 66 zum Bundesviertel, Haltestelle „Heussallee".

Schiff: Für den Schiffsverkehr besteht ein Anleger „Bundeshaus" am Ende der Hermann-Ehlers-Straße. Fährverkehr und Rundfahrangebote verschiedener Reedereien finden Sie an der Promenade unterhalb des „Alten Zolls". Hier, am Brassertufer, legen auch durchfahrende Schiffe an. Für die Zukunft ist ein „Wassertaxi" zwischen Innenstadt, Bundesviertel, ehem. Zementfabrik, Niederdollendorf und Königswinter geplant.

Auto: Über die Konrad-Adenauer-Allee von Bonn-Zentrum oder über die Konrad-Adenauer-Brücke Richtung Bundesviertel; Parkmöglichkeiten hinter der „Museumsmeile".

Bauliche Dominanten der Bonner Rheinfront: ehemaliges Abgeordnetenhochhaus und Post Tower

Schiffsanleger an der Bonner Rheinpromenade

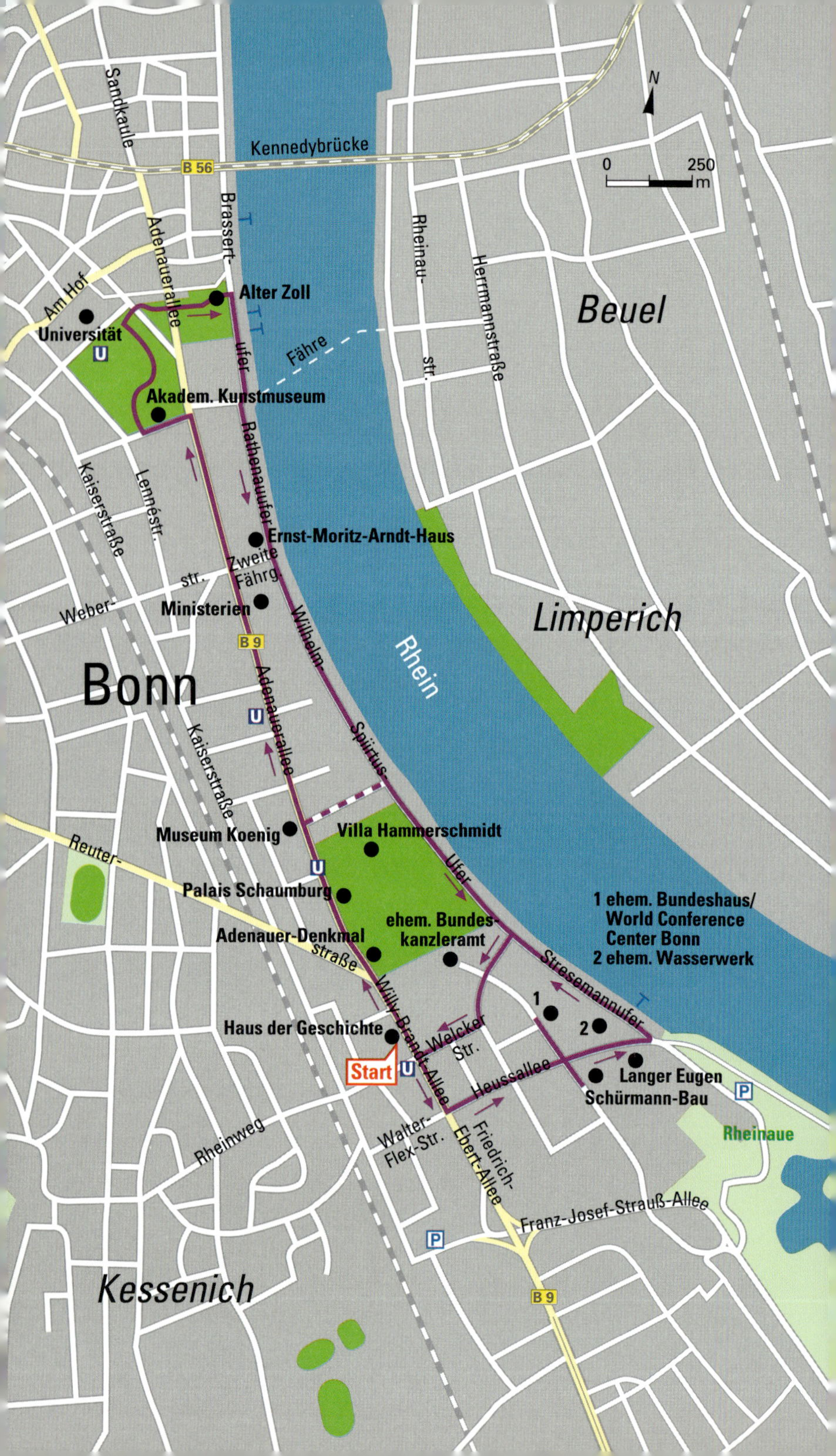

Kennedybrücke
B 56
Sandkaule
Brassert-
ufer
Adenauerallee
Am Hof
Universität
Alter Zoll
Fähre
Akadem. Kunstmuseum
Rheinau-
str.
Herrmannstraße
Beuel
0
250
m
N
Rathenauufer
Kaiserstraße
Lennéstr.
Ernst-Moritz-Arndt-Haus
Zweite Fährg.
Weber-
str.
Ministerien
B 9
Wilhelm-
Limperich
Rhein
Bonn
Adenauerallee
Spiritus-
Kaiserstraße
Museum Koenig
Villa Hammerschmidt
Reuter-
Ufer
Palais Schaumburg
1 ehem. Bundeshaus/
World Conference
Center Bonn
2 ehem. Wasserwerk
Adenauer-Denkmal
ehem. Bundes-
kanzleramt
straße
Stresemannufer
Willy-Brandt-Allee
Haus der Geschichte
Welcker
Str.
1
2
Start
Heussallee
Langer Eugen
Schürmann-Bau
Rheinaue
Rheinweg
Walter-
Flex-Str.
Ebert-Allee
Friedrich-
Franz-Josef-Strauß-Allee
B 9
Kessenich

Auf den Spuren der Bonner Republik

Der als „Bundesviertel“ bekannte Bonner Stadtteil Gronau war von 1949 bis 2000 das politische Zentrum der Bundesrepublik Deutschland. Heute sind hier neben Bundesbehörden auch andere Institutionen wie die Deutsche Welle und im Rahmen des UN-Campus Einrichtungen der Vereinten Nationen untergebracht.
Ausgangspunkt des Bundesviertels war der Umbau der ehemaligen Bonner Pädagogischen Akademie aus den frühen 1930er Jahren zum Sitz für Bundestag und Bundesrat. Die Lage am Rhein war dabei wohl weniger direkt gewollt als Ergebnis des Vorhandenseins einer Vielzahl gut nutzbarer Bauten in dem früheren Villenviertel südlich der Bonner Innenstadt, insbesondere repräsentativer ehemaliger Landsitze am Rhein. Zwei davon, die Villa Hammerschmidt und das Palais Schaumburg, wurden zu den Amtssitzen für Bundespräsident und Bundeskanzler ausgebaut.
Das 1994 eröffnete Haus der Geschichte informiert nicht nur über die gesamte Epoche der Bundesrepublik Deutschland, sondern ist auch ein verkehrsgünstig gelegener Ausgangspunkt für den Rundgang durch das Regierungsviertel (Bonn und Vorgebirge, Bd. 6).

Plenarsaal, Schürmann-Bau und Langer Eugen

Folgen Sie der Willy-Brandt-Allee (ehemals Koblenzer Allee) ein Stück nach rechts und biegen Sie dann links in die Heussallee ein. Nach etwa 200 Metern geht es

Das Haus der Geschichte zeigt die Entwicklung der Bundesrepublik Deutschland von 1945 bis zur Gegenwart.

links zum Platz der Vereinten Nationen, an dem das Bundeshaus liegt, das heute Teil des „World Conference Center Bonn“ ist. Das ursprüngliche Gebäude im Bauhausstil wurde von dem Architekten Hans Schwippert um einen Plenarsaal ergänzt; für den Bundesrat wurde die ehemalige Aula umgebaut. Während Letztere noch erhalten ist, wurde der Schwippert-Saal 1986 abgebrochen und durch einen erheblich größeren Neubau des Stuttgarter Architekten Günter Behnisch ersetzt, der 1992 eröffnet wurde. In der Zwischenzeit tagte das Parlament im umgebauten ehemaligen Wasserwerk an der Rheinfront; dort fielen auch zentrale Entscheidungen zur Umsetzung der Deutschen Einheit und Rückverlegung der Hauptstadt an die Spree. Aufgrund der zusätzlichen Abgeordneten aus den neuen Bundesländern kam es damals zu drangvoller Enge im Ausweichquartier.

Gehen Sie nun wieder ein Stück zurück, über die Heussallee und in die Kurt-Schumacher-Straße. Hier befindet sich der Schürmann-Bau, Sitz des Auslandssenders Deutsche Welle. In die Schlagzeilen gerieten der Bau und sein Architekt Joachim Schürmann, als beim „Jahrhunderthochwasser“ 1993 der Rohbau stark geschädigt wurde. Unmittelbar dahinter ragt das ehemalige Bürogebäude der Abgeordneten in die Höhe, der sogenannte „Lange Eugen“ (Egon Eiermann, 1966–69), heute Zentrum des UN-Campus.

Die ehemalige Pädagogische Akademie wurde zum Bundeshaus.
Von 1986 bis 1992 tagte das Parlament im alten Wasserwerk.

Stresemannufer

Kehrt man nun zurück zur Kreuzung und folgt der Hermann-Ehlers-Straße nach rechts, gelangt man zum Rheinufer. Dieses Teilstück der Bonner Rheinuferpromenade direkt unterhalb des Bundesviertels ist nach einem der wichtigsten demokratischen Politiker der Weimarer Republik, Gustav Stresemann, benannt. Auf der anderen Flussseite liegt der „Bonner Bogen". In der Ferne sehen Sie auf dem Petersberg **(Siebengebirge, Bd. 7)** das gleichnamige Hotel, in dem von 1949 bis 1952 die Hohen Kommissare der Westalliierten residierten; von ihnen wurde die Gründung der Bundesrepublik Deutschland bestätigt. 1990 wurde das umgebaute Gebäude als Gästehaus des Bundes und als Hotel wiedereröffnet.

Die kosmische Dimension vertritt eine gelbe Sonnenkugel am Ufer: Sie ist Bezugspunkt des 2002 von der Bonner Bertolt-Brecht-Gesamtschule angelegten „Planetenpfades". Er endet fast sechs Kilometer weiter nördlich in Graurheindorf und verdeutlicht entlang der Rheinuferpromenade die Abstände der Planeten zur Sonne.

Am Ende des Stresemannufers beginnt neben dem Bootshaus des Akademischen Ruderclubs Rhenus die Dahlmannstraße, an der das frühere Bundeskanzleramt liegt. Vorbei am Einfahrtstor des 1976 eröffneten dunkelbraunen Neubaus geht es über Welckerstraße und Willy-Brandt-Allee rechts weiter zum Adenauer-Denkmal. In den monumentalen Bronzekopf des Künstlers Hubertus von Pilgrim sind auf der Rückseite Schauplätze und Symbole zu Adenauers Leben eingelassen, etwa Ansichten des Kölner Doms und der Kathedrale von Reims als Zeichen deutsch-französischer Gemeinsamkeit. Im „Nacken" befindet sich eine Rheinlandschaft mit Siebengebirge, wohl als Hinweis auf Adenauers Wohnort, auf Bonn sowie auf den länderübergreifenden Rhein.

Adenauer-Denkmal vor dem ehemaligen Bundeskanzleramt

„Bonner Bogen“ und Oberkassel

Vom umfangreichen Baukomplex der Bonner Zementfabrik blieben nach ihrer Stilllegung nur wenige Bauten erhalten: die Zementrohmühle von 1856–58, das um 1900 modernisierte Direktionsgebäude, ein Stall- und Laborgebäude und ein Wasserturm. 1987 wurde das Werk geschlossen und weitgehend abgebrochen, 1994 das Gelände im Rahmen des Bonn-Berlin-Vertrages durch den Bund für die Stadt Bonn erworben, um eine „für die Lage des Gebietes optimale Nutzung“ sicherzustellen.

Mühle und Direktion sind heute umgenutzt und von einem schnell wachsenden Büropark umgeben. Die Entwicklung des Geländes unter der Bezeichnung „Bonner Bogen“ wird von der 2002 gegründeten BonnVisio- Gruppe betrieben, in Zusammenarbeit mit dem Architekturbüro Karl-Heinz Schommer in Bonn, das acht individuell gestaltete Gebäudekomplexe entwarf. Die Hauptnutzung sind Büros in Kombination mit Restaurants und Cafés, Arztpraxen, Fitness-Studio, Wellnessanlage, Läden, Tagungs- und Konferenzmöglichkeiten. Im November 2009 wurde das Fünfsternehotel „Kameha Grand Bonn“ mit seiner auffälligen Architektur eröffnet. Bei der Formgebung stand der Rhein Pate, denn die Fassade aus Stahl und Glas ist einer Welle nachempfunden.

Maßgeblicher Initiator der histori-

Das 1856 gegründete Zementwerk in Oberkassel

schen Fabrik war Hermann Bleibtreu, Mitglied einer sehr vielseitig aktiven rheinischen Unternehmerfamilie, die unter anderem im Braunkohleabbau Pionierarbeit leistete. Wie das später bei Wiesbaden direkt am Fluss gebaute Dyckerhoff'sche Zementwerk nutzte man den Rhein als Transportweg für Roh- und Brennstoffe sowie den in Fässern verpackten Zement. Von 1870 bis 1919 verband außerdem ein Eisenbahn-Trajekt (eine Fähre mit Gleisen) in Oberkassel die rechts- und linksrheinischen Eisenbahnstrecken. Der Zement war wichtige Voraussetzung für den Bau von Fundamenten für Brücken und Hafenanlagen auch am Rhein; schon bei der 1855–59 errichteten Dombrücke in Köln kam Bonner Zement zum Einsatz. Im Umfeld der Fabrik entstand auch eine Betonwerkstein- und Bauunternehmung, deren Inhaber, die Familie Hüser, großen Anteil an der Etablierung der Beton- und Stahlbetonbauweise in Deutschland hatten.

Der in Nachbarschaft zum „Bonner Bogen“ liegende Ortsteil Oberkassel ist Geburtsort von Gottfried Kinkel, der als Professor an der Bonner Universität wirkte und eine wichtige Rolle bei den Revolutionsereignissen von 1848 spielte. Ein Denkmal mit Büste im Bürgerpark erinnert an ihn und seine Ehefrau Johanna. Zu den herrschaftlichen Wohn- und Landsitzen Oberkassels gehört das heute als Itzel-Sanatorium bekannte Anwesen in der Kinkelstraße/Ecke Julius-Vorster-Straße, das sich der Kölner Industrielle Julius Vorster errichten ließ. Die Entwürfe des in bürgerlich-neobarocken Formen gehaltenen Hauses stammen von dem Berliner Architekten Otto March. Nach seiner Heirat mit Vorsters Schwester erhielt March aus den eng miteinander verflochtenen rheinischen Industriellenfamilien zahlreiche Aufträge, auch für mehrere protestantische Kirchen; eine davon befindet sich gegenüber dem Vorster-Anwesen.

Luxushotel „Kameha Grand“ und umgenutzte Zementrohmühle am „Bonner Bogen“

Palais Schaumburg und Villa Hammerschmidt

Am Beginn der Adenauerallee liegt das Palais Schaumburg. Dieses 1858–60 errichtete, seit 1890 im Besitz von Adolf zu Schaumburg-Lippe befindliche Anwesen wurde als Dienstsitz Adenauers renoviert. Sein Nachfolger Ludwig Erhard ließ sich von dem Architekten Sep Ruf im Park Richtung Rhein 1963–65 einen Bungalow errichten, der allen Nachfolgern bis einschließlich Helmut Kohl als Wohn- und Empfangsgebäude diente und seit kurzem für Besucher zugänglich ist.

Als Nächstes Richtung Bonn folgt die Villa Hammerschmidt. Sie liegt etwas abseits der Adenauerallee in Ufernähe. Der Bau im Renaissancestil war im 19. Jahrhundert Wohnsitz des Zuckerindustriellen Leopold Koenig, dessen Sohn Alexander das Naturhistorische Museum stiftete. Um die Jahrhundertwende erwarb der Kommerzienrat Rudolf Hammerschmidt das Anwesen, bis es 1950 in den Besitz der Bundesrepublik überging und zum Sitz des Bundespräsidenten wurde. Bei den Nachkriegssanierungen verschwanden unter anderem die überdimensionalen Turmaufsätze des Hauptbaus. Der Bau dient neben Schloss Bellevue in Berlin weiter als Amtssitz des Bundespräsidenten.

Die Villa Hammerschmidt ist Bonner Residenz des Bundespräsidenten.

Ernst-Moritz-Arndt-Haus

Im Areal zwischen Tempelstraße und Zweiter Fährgasse, Adenauerallee und Wilhelm-Spiritus-Ufer liegen zwei Ministeriumsneubauten der 1950er Jahre. Während andere Fachministerien unter anderem in ehemaligen Kasernen untergebracht wurden, entstanden für das Außenministerium – wichtiges Symbol staatlicher Souveränität – und das Postministerium Neubauten mit allen architektonischen Charakteristika der Zeit. Unter anderem ist hier heute der Bundesrechnungshof untergebracht.

Unmittelbar nördlich des ehemaligen Postministeriums liegt direkt am Rhein das Ernst-Moritz-Arndt-Haus. Der auf Rügen geborene Schriftsteller war ab 1818 Geschichtsprofessor an der Bonner Universität, geriet aber schon bald aufgrund seiner demokratischen und nationalen Ansichten in Konflikt mit den preußischen Behörden. 1820 wurde er von seinem Lehramt suspendiert. Arndt hatte mit seinen Schriften Einfluss auf die Entstehung der Rheinromantik (siehe S. 26) und engagierte sich in der deutschen Einigungsbewegung, unter anderem als Mitglied des ersten frei gewählten Parlaments in der Frankfurter Paulskirche (1848/49).

Hofgarten und Alter Zoll

Auf Höhe der Ersten Fährgasse befindet sich jenseits der Adenauerallee die Alte Anatomie (jetzt Akademisches Kunstmuseum). Zwischen ihr und dem Bonner Stadtschloss liegt die Hof-

Das Wohnhaus von Ernst Moritz Arndt wurde nach Kriegszerstörung erneuert.

Historischer Blick vom „Alten Zoll“ auf das Siebengebirge

gartenwiese, die vor allem in den 1980er Jahren wichtiger Schauplatz politischer Kundgebungen war, die im „Bundesviertel" wegen der Bannmeile des Parlamentes nicht möglich waren. Natürlich beteiligten sich auch viele Studenten an diesen Veranstaltungen; sie führten damit eine lange Tradition fort, denn bereits die 1848er-Demokratiebewegung hatte eines ihrer Zentren an der Bonner Hochschule, wo einige Jahre nach Arndt unter anderem Gottfried Kinkel lehrte.

Vor dem Rheinflügel des Stadtschlosses (heute Hauptgebäude der Universität) führt der Regina-Pacis-Weg zur Bastion des Alten Zolls, die Ihnen einen besonders guten Blick auf das Bonner Rheinufer und das Siebengebirge ermöglicht. Die Bastion entstand im Laufe des Dreißigjährigen Krieges um 1640 anstelle des Renaissance-Zollgebäudes, wurde mehrfach zerstört und war schon im 18. Jahrhundert als „Schlossterrasse" ein beliebter Aussichtspunkt.

Möchten Sie von hier aus zum Bundesviertel und zum Haus der Geschichte zurückkehren, dann wählen Sie am besten die Rheinpromenade oder – bei müden Beinen – die U-Bahn. Einen naturnahen Ausklang der Tour bietet die Rheinaue südlich des Bundesviertels, die zu den „Rheinperlen" gehört, einem Zusammenschluss von sechs Parks zwischen Leverkusen und Bonn.

Der „Alte Zoll" und die Anlagen der Rheinpromenade
Steiger am Brassertufer mit Pegelstandsanzeige

TOURISMUSINFORMATION

Bonn-Information
Windeckstr. 1 / Am Münsterplatz
53111 Bonn
Tel. 0228 / 77 50 00
www.bonn.de,
Stichwort „Tourist Information"

Tourismus & Congress GmbH
Platz der Vereinten Nationen 2
53113 Bonn
Tel. 0228 / 910 41-0
www.bonn-region.de

Bundesviertel
Das Haus der Geschichte hat einen **„Weg der Demokratie"** mit 18 Stationen zusammengestellt und bietet auch Führungen durch das Palais Schaumburg und den „Kanzlerbungalow" an: www.wegderdemokratie.de

UNTERWEGS

Schiffstouren
Linienverkehr Bonn–Königswinter–Linz:
www.b-p-s.de
www.siebengebirgslinie-bonn.de
Abfahrt am Alten Zoll/Kennedybrücke, Zu- und Ausstiegsmöglichkeit am Schiffsanleger Bundestag
Linienverkehr Köln–Bonn–Königswinter–Linz: www.k-d.de
Personenfähre „Rheinnixe" zwischen Altem Zoll und Beuel; Mai–August täglich

HEREINGESCHAUT!

Haus der Geschichte der Bundesrepublik Deutschland (Museumsmeile)
Willy-Brandt-Allee 14
53113 Bonn
Tel: 0228 / 91 65-0, www.hdg.de
Di–So 9–19 Uhr, Eintritt frei

Ernst-Moritz-Arndt-Haus
Adenauerallee 79
53113 Bonn
Tel. 0228 / 24 14 35
www.bonn.de/stadtmuseum
–> Ernst-Moritz-Arndt-Haus
Das Ernst-Moritz-Arndt-Haus ist eine Dependance des StadtMuseums Bonn und nur zu Sonderausstellungen geöffnet

Freizeitpark Rheinaue Bonn
Haupteingang und Parkplatz: Herbert-Wehner-Platz
ganzjährig geöffnet, frei zugänglich
Veranstaltungsprogramm:
www.rhein-perlen.de

Panoramagaststätte am Anleger der Fähre nach Beuel

660

Erlebnisraum Mondorf und Siegaue

Ziel dieser Tour ist das auf der rechten Rheinseite einzigartige Mündungsgebiet der Sieg mit dem alten Schifferort Mondorf. Die als Industriedenkmal erhaltene Bröhl-Werft sowie die jüngere, aktive Lux-Werft machen die Schiffbautradition am Rhein sichtbar. Auch die Rheinfähre blickt auf eine lange Geschichte zurück. Von Mondorf aus können Sie ausgedehnte Spaziergänge durch die geschützte Siegaue bis hin zur alten Siegfähre unternehmen, eine der letzten Seilfähren Deutschlands. Am alten Siegarm Diescholl liegt das Fischereimuseum von Troisdorf-Bergheim, das, ausgehend von der Tätigkeit der über tausend Jahre alten Fischereibruderschaft Bergheim, einen einzigartigen Einblick in Geschichte und Ökologie dieses Raumes gibt.

Tipp: Im Sommer können Sie an der alten Fähre ein erfrischendes Bad in der Sieg nehmen – besonders Kinder werden begeistert sein. Wegen des Kiesufers wasserfestes Schuhwerk nicht vergessen!

Anfahrt:

ÖPNV: Von Bonn-Hauptbahnhof mit der Buslinie 550 bis Niederkassel, dort in den Bus Nr. 501 Richtung Siegburg umsteigen (bis Mondorf-Kirche); alternativ Bus Nr. 605 bis zum Fähranleger Graurheindorf.

Schiff: Regelmäßiger Verkehr nur mit der Autofähre Graurheindorf–Mondorf

Fahrrad: Hier bietet sich eine Rundtour von Bonn-Zentrum über Graurheindorf nach Mondorf, zurück über Schwarzrheindorf und Beuel an; auch Radfahrer können die Sieg nur auf der Niederkasseler Straße oder mit der Seilfähre und nicht direkt an der Mündung überqueren!

Auto: Über die A 565, Ausfahrt Bonn-Beuel-Nord, Richtung Niederkassel, dann den Schildern Richtung „Fähre Mondorf" folgen; Parkmöglichkeiten am Fähranleger sowie an der Rheinallee. Zur Erkundung der Siegaue bietet sich auch der Wanderparkplatz unterhalb der Bergstraße in Bergheim an; die Parkplätze an der alten Siegfähre (Straße „Zur Siegfähre") sind begrenzt.

Der Kirchturm von Niederkassel-Mondorf überragt das Rheinufer.

Siegarm im Auengebiet

Mondorf
Projektraum:
Grünes C und
Fischereimuseum Bergheim
Bergheim
Herseler/
Rheidter Werth
Werften
Start
Fähranleger
Mondorf
Sporthafen
Fischereimuseum
Bergheim
Mühlengraben
L 269
Sieg
S i e g a u e
Sieg
Rhein
Kemper
Werth
Siegfähre
N
0
1
km
B 9
A 565
Ausfahrt
Bonn-Beuel-Nord
Buschdorf
Auerberg
Graurheindorf

Eine seltene Mündungslandschaft

Zwischen Bonn-Beuel (Bonn und Vorgebirge, Bd. 6) und Mondorf erstreckt sich die rechtsrheinische Auenlandschaft der Siegmündung. Obwohl die Sieg bereits Ende des 18. Jahrhunderts ein eindeutiges, zentrales Bett erhielt, haben sich mehrere Altarme erhalten, die direkt oder indirekt mit dem Rhein in Verbindung stehen. Am nördlichsten dieser Altarme liegt Mondorf (= Mündungsdorf, *munnendorp*). Hier wird auch der Anfang des Niederrheins lokalisiert. Ohne direktes Gegenüber, ist das im Jahr 795 erstmals erwähnte Mondorf dennoch seit Jahrhunderten ein wichtiger Fährort; insgesamt acht „Fährberechtigte“ aus Mondorf und dem benachbarten Müllenkoven wurden gezählt, die 1904 die „Gesellschaft der Fährberechtigten“ gründeten. Mit kurzer Unterbrechung zwischen 1977 und 1994 verkehrt bis heute eine Fähre über den Rhein; sie verknüpft Mondorf mit der auf eine linksrheinische Römerstraße zurückgehenden Verbindung zwischen Graurheindorf und Hersel.

Als Handelsplatz war Mondorf dagegen weniger bedeutend; hier dominierte unter anderem die genossenschaftlich organisierte Korbflechterei, die den Rohstoff für ihre Arbeit von den Kopfweiden der Siegaue gewann. Neben Behältern für den Versand von Gemüse und Obst aus dem Hinterland auf die Märkte der benachbarten Städte wurden Fischreusen gefertigt. Sie kamen etwa bei der benachbarten „Fischereibruderschaft“ von Bergheim an der Sieg zum Einsatz.

Schiffswerften

Vom zentralen Fähranleger am Mondorfer Rheinufer lohnen sich zunächst einige Schritte rheinabwärts, denn eine große Besonderheit an

Ruderpartie im Naturschutzgebiet Siegmündung

der Mondorfer Rheinfront sind die Schiffbauwerften, von denen die erst 1945 gegründete Lux-Werft am nördlichen Ortsrand bis heute als letzte Neubauwerft zwischen Bonn und Düsseldorf aktiv ist. Die ehemalige Bröhl-Werft, gegründet 1885, dient heute dem Wasser- und Schifffahrtsamt als Lagerplatz; vor der Anfang der 1920er Jahre errichteten, zum Rhein hin offenen Werfthalle, als Industriedenkmal eingetragen, erstreckte sich einst ebenfalls eine große Helling. Auf beiden Werften entstanden kleine und mittelgroße Passagier- und Spezialschiffe wie Fähren; die Ausflugsschiffe der Lux-Werft sind bis heute auf vielen Flüssen und Seen zu finden.

Die Schiffswerft Bröhl ist heute Stützpunkt des Wasser- und Schifffahrtsamts.

Rheidter Werth

Unterhalb von Mondorf können Sie einen Abstecher zum Herseler und zum Rheidter Werth unternehmen, dem letzten Rheininselpaar. Während das Herseler Werth noch heute eine „echte" Insel und als Naturschutzgebiet nicht zugänglich ist, besteht beim Rheidter Werth wie bei mehreren vergleichbaren Inseln am Oberstrom eine Landverbindung; der so gebildete „tote" Rheinarm trägt den Namen „Im Laach". Das Rheidter Werth soll im Rahmen der Regionale 2010 ökologisch aufgewertet und als Naherholungsraum weiterentwickelt werden.

Mondorfer Rheinfähre

Die Mondorfer Rheinfähre wird von den Städten Niederkassel und Bonn betrieben; die Lage in Verlängerung der Provinzialstraße verweist auf die historische Anbindung an das Verkehrsnetz am Nordufer des Siegtals **(Sieg und Bröl, Bd. 8)**. Auch die Fährverbindung rückt im Rahmen der Regionale 2010 als Verbindung zwischen den Landschaftsräumen des „Grünen C" in den Blickpunkt und soll stärker betont werden. Als Fährgasse führt die Provinzialstraße, vorbei an einem historischen Gasthof, zum Ortskern hinauf. Hier steht die Kirche, die ihre heutige Form erst durch eine Erweiterung in den 1960er Jahren erhielt.

Die Fähre zwischen Graurheindorf und Mondorf wurde in den 1970er Jahren wiederbelebt.

Ein Pumpwerk am Rheinufer erinnert an Hochwassergefahren.

Rheinfähren – „Fährmann hol' über!"

Zwischen Königswinter im Süden und Hitdorf im Norden bestehen heute regelmäßige Fährverbindungen, davon vier für Motorfahrzeuge (siehe S. 19). In der Vergangenheit bedingten in der Regel die Größe eines Rheinortes und das Vorhandensein einer Fähre einander: Ein Fährort wuchs, während sich bei größeren Orten eine Fähre lohnte. Fährstraßen und die vor allem in Zeiten, als Dunkelheit und winterlicher Eisgang die Überfahrt verhindern konnten, wichtigen Fährhäuser (= Gasthäuser) zeugen heute noch an vielen Orten von dieser Tradition (so etwa in Rodenkirchen oder in Rheinkassel).

Das Vorhandensein von geeigneten Fahrzeugen vorausgesetzt, ist der Fährbetrieb die einfachste Art der Flussüberquerung. Regelmäßige Fährverbindungen gibt es sicherlich seit römischer Zeit. Im Mittelalter waren Fährrechte – verbunden mit guten Einnahmen – häufig im Besitz von Klöstern und wurden von diesen an örtliche Fischer- oder Schifferfamilien verpachtet. Heute bedürfen Fähren der Genehmigung des zuständigen Wasser- und Schifffahrtsamtes, im Falle des Rheins einer Bundesbehörde (siehe S. 161). Die Autofähren sind kommunal sub-

Die Mondorfer Autofähre

ventioniert, während die Personenfähren zumindest teilweise privat betrieben werden und sich aus den Einnahmen finanzieren.
Erst im 18. Jahrhundert wurden in Köln und Mülheim antriebslose Seilfähren, die Gierponten, eingerichtet. Sie hingen an einer Leine, die wiederum an einem über den Fluss gespannten Seil befestigt war. Die Strömung drückte dann bei entsprechender Rumpf- und Ruderstellung das Schiff auf die andere Stromseite. Wegen der hohen Masten der Frachtschiffe sowie der erheblichen Seillänge gab es hier jedoch große technische Schwierigkeiten. Gierponten werden deshalb heute nur noch an kleineren Flüssen eingesetzt; die bekanntesten sind die historischen Gierponten in Basel. Eine kleine Version befindet sich in der Siegmündung.
Schon früh wurden für Fährzwecke besondere Schiffstypen entwickelt, die schnell betreten (beziehungsweise befahren) und verlassen werden konnten. Flache Bordwände oder eine Rampe an mindestens einem Ende ermöglichten dies. Ein kleiner Fährtyp hieß „Schalde", ein Sondertyp für die Eisenbahn wurde als „Trajekt" bezeichnet. Um 1930 wurden mit dem zunehmenden Autoverkehr erstmals moderne Motorfähren in Betrieb genommen; ein Exemplar hat sich in Mondorf erhalten.
Auch handfeste historische Auseinandersetzungen um die einträglichen Fährrechte sind belegt, etwa zwischen unterschiedlichen Herrschaftsgebieten wie Mondorf und Rheindorf oder Langel und Hitdorf. Bis zur Bildung der preußischen Rheinprovinz 1815 war die Benutzung der Rheinfähre zugleich ein Grenzübertritt; für Waren musste Zoll entrichtet werden. Da sich Rheinorte aus geologischen Gründen (Prallhang/Gleithang) selten unmittelbar gegenüberliegen, befindet sich in der Regel ein Fähranleger im Zentrum einer Ortschaft, während gegenüber keine oder nur weit zurückliegende Bebauung existiert.

Die antriebslose Seilfähre zwischen Mehlem und Königswinter um 1890

Sporthafen Mondorf

Zurück am Rhein, setzen wir unsere Tour in östliche Richtung entlang des Sporthafens fort, der unmittelbar am Fähranleger beginnt. Der Hafen ist ein ehemaliger Mündungsarm der Sieg. Bereits um 1900 hatte es Pläne zum Ausbau eines Handelshafens in Mondorf für die Troisdorfer Industrieunternehmen gegeben. Daraus wurde nichts; dafür baute man in den 1970er Jahren den nördlichsten Altarm der Sieg zum Sporthafen aus, indem man das abschließende Becken zur Aufnahme einer größeren Steganlage erweiterte. Hier liegt das älteste erhaltene Fährschiff, die 1930 als „Motorfähre" eingeweihte „Mondorf". Sie steht heute unter Denkmalschutz und dient dem Mondorfer Ruderclub als

Rastplatz im Grünen am Mondorfer Yachthafen

Bootshaus. Dafür wurde das einst offene Deck mit einer Bootshalle überbaut. Insgesamt befinden sich fünf Bootshäuser im Hafen.
Die gegenüberliegende Halbinsel wurde zum Erholungspark ausgebaut; um dorthin zu gelangen, muss das Becken umrundet werden. Weitere Siegarme können Sie in nördlicher Richtung auf kleinen Brücken überqueren, um in das weitläufige Auengebiet der Siegmündung zu gelangen.

Fischereimuseum und Siegaue

Empfehlenswert ist aber zunächst ein Abstecher auf dem nördlichen Hochufer des Flusses zum Fischereimuseum Bergheim. In Verlängerung des Hafens steigt der Nachtigallenweg an; jenseits der in Hoch-

Eine Seilfähre ermöglicht das Überqueren der Sieg.
Das Siegufer ist ein beliebter Badeplatz.

lage geführten L 269 zwischen Beuel und Mondorf beginnt das zur Stadt Troisdorf gehörende Bergheim. An einem Knick des Hochuferweges liegt das Museum der Fischereibruderschaft, das als Regionale 2010-Projekt erweitert wird und die lange Tradition der Fischerei an diesem Ort dokumentiert. Der benachbarte Kanu-Klub „Siegpiraten" verweist dagegen auf eine populäre heutige Nutzung des Flusses. Im unterhalb gelegenen Altarm „Diescholl" liegt ein Fischerboot.

Das verzweigte Wegenetz der Siegaue führt im Süden an der alten Siegfähre Bergheim–Geislar wieder zusammen, die von Bergheim aus über die Siegstraße und die Straße „Zur Siegfähre" erreichbar ist. Von Mondorf aus überqueren Sie zwei Brücken mit Schützwehren. Die einzig erhaltene Seilfähre (Gierponte) der Region ist zugleich ein beliebtes Ausflugsziel. 2005 wurde ein neues Fährboot eingeweiht, das direkt unterhalb der Straßenhochbrücke unentwegt Fußgänger und Radfahrer über den seichten Fluss befördert. Anders als weiter unterhalb Dhünn- und Wupperaue **(Vierflüsseland, Bd. 2)** entging die Siegaue glücklicherweise einer Zerstörung; dies war Mitte der 1980er Jahre Anlass zur Ausweisung als großräumiges Landschaftsschutzgebiet. Gleichzeitig wurde das Areal durch die Anlage befestigter Wege als Naherholungsgebiet erschlossen.

Wer den Besuch von Mondorf per Fahrrad als Rundtour von Bonn aus begonnen hat, kann über Schwarzrheindorf mit seiner romanischen Doppelkirche nach Beuel fahren und über die Kennedybrücke auf die andere Rheinseite zurückkehren.

Wildgänse an der Siegmündung – die Flussaue dient vielen Vogelarten als Brut- und Durchzugsgebiet.

TOURISMUSINFORMATION

Stadt Niederkassel
Rathausstr. 19
53859 Niederkassel
Tel. 02208 / 94 66-0
www.niederkassel.de

Informationen zu den **Projekten der Regionale 2010 in Mondorf und Bergheim** unter:
www.regionale2010.de
www.fischereimuseum-bergheim.de

Private Fotosammlung zur **Geschichte von Mondorf**: www.ro-klinger.de/Mondorf

Tourenvorschläge für die **Siegaue** finden Sie auf der Internetseite der Stiftung Wasserlauf NRW: www.wasserlauf-nrw.de

Informationen zum **Naturschutz** und zu Führungen erhalten Sie beim NABU Rhein-Sieg: www.nabu-rhein-sieg.de

Informationen zur **Rheinfischerei** und zum Fischbestand im Rhein erhalten Sie bei der Rheinfischereigenossenschaft unter: www.rheinfischerei-nrw.de

UNTERWEGS

Rheinfähre Graurheindorf–Mondorf
Sommer: Mo–Fr 6.30–20 Uhr, feiertags, Sa, So 9–20 Uhr
Winter (Okt.–März): Mo–Fr 6.30–19 Uhr, feiertags, Sa, So 10–17 Uhr,
Abfahrt nach Bedarf
www.rheinfaehre-mondorf.de

Siegfähre
Apr.–Okt. 10–20 Uhr
Tickets: Erw. 0,50 €, Kinder 0,25 €

HEREINGESCHAUT!

Fischereimuseum Bergheim
Fischerei-Bruderschaft Bergheim/Sieg
Nachtigallenweg 99
53844 Troisdorf-Bergheim
Tel. 0228 / 945 61 02
www.fischereimuseum-bergheim.de
geöffnet ab Oktober 2010

EINKEHREN

Gasthaus Zur Siegfähre
53844 Troisdorf-Bergheim
Tel. 0228 / 47 55 47
www.siegfaehre.de
Apr.–Okt. täglich 9.30–23.30 Uhr,
So ab 9 Uhr

Ein Kilometerstein an der Siegmündung führt die Entfernungen nach Basel, zur Nordsee und zur Siegquelle bei Netphen/Siegerland auf.

Regionale 2010 Grünes C und Fischereimuseum Bergheim

Grünes C / Brückenschlag Mondorfer Fähre

Gemeinsam betreiben Bonn, Bornheim, Niederkassel, Sankt Augustin, Troisdorf und Alfter im Rahmen der Regionale 2010 ein Freiraumkonzept, dem sie den Namen Grünes C gegeben haben – angelehnt an die Form, die die Aneinanderreihung der einzelnen Teilräume ergibt. Leitidee ist es, die unterschiedlichen Landschaftsräume vom linksrheinischen Vorgebirge über den Rhein im Bonner Norden hinweg bis zur Siegaue und dem Siebengebirge miteinander zu vernetzen. Im Rahmen dieses regionalen Projektes ist die Neugestaltung des Umfeldes der Mondorfer Fähre als „Brückenschlag über den Rhein" der wichtigste Baustein zur räumlichen Vernetzung.
Gleichzeitig entstehen auf beiden Ufern „Kreuzungspunkte": Sind die linearen Strukturen entlang des Rheins traditionell in nord-südlicher Richtung ausgebildet, werden sie durch das in ost-westlicher Richtung verlaufende Grüne C unterbrochen und miteinander verknüpft. Der Fähranleger Mondorf soll durch ein terrassenförmig abgestuftes Umfeld besser in das Rheinufer eingegliedert und als Attraktion aufgewertet werden. Im Jahr 2010 soll der Startschuss für die Umsetzung erfolgen.

Der Mondorfer Fähranleger wird neu gestaltet.

Fischereimuseum Bergheim an der Sieg

Ein weiteres Regionale 2010-Projekt ist die Erweiterung des Fischereimuseums in Troisdorf-Bergheim. Gefischt wurde an diesem Ort seit frühesten Zeiten: 987 bestätigte Kaiser Otto III. die Gründung des Damenstifts in Vilich. Die auf dem Besitz des Klosters lebenden Fischer schlossen sich zu einer Bruderschaft zusammen, die ein Drittel jeden Fangs an das Kloster abgeben musste. Damit ist die Bergheimer Fischereibruderschaft die älteste zunftmäßig organisierte Vereinigung dieser Art in Deutschland.

Mit der zunehmenden Gewässerbelastung im 20. Jahrhundert verloren die Fischer ihre Berufsgrundlage, die Bruderschaft jedoch überlebte und besitzt immer noch die Fischereirechte in ihren Gewässern. Sie bewahrte auch ihre Gerätschaften, die Netze, Reusen, Haken auf. Sie sind der Grundstock des Museums, das zum 1000-jährigen Bestehen 1987 gegründet wurde. Hinzu kommen Modelle von Booten, Urkunden und Fotos aus der alten Zeit sowie Aufsehen erregende Fänge.

Im neuen Museum, das im Oktober 2010 eröffnet werden wird, sollen die Themen Mensch und Natur stärker im Vordergrund stehen und eine Verbindung zur angrenzenden Siegaue hergestellt werden. Die Fischerei wird als Antwort auf biologische und naturräumliche Gegebenheiten gesehen. Am Beispiel der Bergheimer Fischer wird der Wandel verdeutlicht, dem der Beruf des Binnenfischers und die von ihm befischten Gewässer im Laufe der Jahrhunderte unterworfen waren. Dabei werden die Exponate zugunsten einer auf Information und Erlebniswert ausgerichteten Konzeption in den Hintergrund treten; die Präsentation soll im Wortsinne begreifbar und auch für Kinder anschaulich sein.

Das Fischereimuseum Bergheim an der Sieg, wie es sich den Besuchern ab Herbst 2010 präsentieren wird

VAR

Erlebnisraum Wesseling und Godorfer Hafen

Als Standort von Großraffinerien am Rhein bekannt, ist die spannende Geschichte Wesselings als Schiffer- und Treidlerort kaum bewusst. Auf einer Tour vom Stadtzentrum über den mittelalterlichen Sioniterhof bis zum alten Schifferviertel können Sie die historischen und landschaftlichen Höhepunkte der Stadt erleben. Der unmittelbar benachbarte Godorfer Hafen brachte es zum zentralen Hafen der rheinischen Braunkohle. Ein Modell des Hafens finden Sie im Wesselinger Eisenbahnmuseum, das sich außerdem ausführlich mit der Geschichte der Köln-Bonner-Eisenbahnen beschäftigt. Besonders nachts beeindrucken die „Panoramen der Industrie" entlang der Autobahn Köln–Bonn und der alten B 9, die immer wieder auch Fotografen faszinieren.

Anfahrt:

ÖPNV: Wesseling liegt an der Stadtbahnlinie 16 zwischen Köln und Bonn. Vom Bahnhof Wesseling sind es nur wenige Schritte über die Fußgängerzone Bahnhofstraße zum Rathaus und weiter zur Kirche St. Germanus und zum Rheinufer.

Schiff: Wesseling ist Haltepunkt der Köln-Düsseldorfer Rheinschifffahrt; eine Personenfähre verbindet den Ort mit dem etwas südlich gelegenen Niederkassel-Lülsdorf.

Fahrrad: Der durchgehende linksrheinische Leinpfad verbindet die Städte Bonn, Wesseling und Köln; der Godorfer Hafen muss allerdings umfahren werden, um Sürth zu erreichen.

Auto: Die Ausfahrt Wesseling der A 555 Köln–Bonn führt von Süden in die Stadt; von der nördlich gelegenen Anschlussstelle Köln-Godorf fährt man durch die eindrucksvollen Industrieanlagen am Wesselinger Hafen. Parkmöglichkeiten finden sich an der Kölner Straße/Ecke Pontivystraße sowie am Rheinpark.

Vor der Wesselinger Industriekulisse

Blick vom Wesselinger „Rheinforum" nach Süden

A 555
Godorf
Ausfahrt Godorf
Godorfer Hafen
Hafenamt
Rhein
NSG
Langel
Kölner Straße
NSG
Lülsdorf
Theodor-Heuss-Straße
Nordstr.
Kölner Str.
Römerstr.
Rheinforum
Start
Mühlenweg
Haus Ruttmann
Rathaus
St. Germanus
Fähre
Rheinpark
Konrad-Adenauer-Straße
Bonner Str.
Luziakapelle
Sioniterhof
Luziastr.
Projektraum: Gesamtperspektive Wesseling
Wesseling
Schwarzer Weg
Eisenbahnmuseum der KBE
A 555
N
0
500 m

Von der Treidelstation zur Chemiestadt

Eingebettet in den südlichen Teil des Kölner „Chemiegürtels“, hat Wesseling – wie Leverkusen **(Vierflüsseland, Bd. 2)** – seine kommunale Eigenständigkeit bewahren können. Die erst 1972 zur Stadt erklärte Gemeinde konnte sich 1976 vor Gericht erfolgreich gegen die im Jahr zuvor erfolgte Eingemeindung nach Köln wehren. Bei der damals erfolgten Auflösung des Landkreises Köln wurden zahlreiche Umlandgemeinden, darunter auch weite Teile des heutigen, nördlich anschließenden Stadtbezirks Godorf, der Stadt Köln zugeschlagen. Wie Wesseling ist auch Godorf von großräumigen petrochemischen Betrieben eingeschlossen; der Godorfer Hafen setzt sich bruchlos im Wesselinger Rheinwerft fort.

Rheinpark und Promenade

Für den Beginn eines Rundgangs bietet sich die Uferstraße an, an deren unterem Ende der Pavillon mit dem Steiger der Köln-Düsseldorfer liegt. Südöstlich von St. Germanus befindet sich der eher überschaubare, aber gepflegte Rheinpark. Nachdem bereits 1937/38 die Rheinpromenade mit ihrer charakteristischen Lindenallee und den Zierbeeten angelegt worden war, wurde um 1960 durch Zusammenfassung ehemaliger Villengärten auch oberhalb ein öffentlicher Park geschaffen. Der Wesselinger Rheinpark gehört zu den „Rheinperlen“

Das ehemalige Restaurant „Rheineck“ am Wesselinger Ufer

Über Ruttmanns Wiese geht der Blick auf die andere Rheinseite.

zwischen Stammheim und Bonn, die ein gemeinsames Marketing betreiben und per Schiff miteinander verbunden werden sollen.
Den südlichen Abschluss der Rheinpromenade bildet eine – hier etwas eleganter ausgeführte – „Natorampe". In festen Abständen wurden während des Kalten Kriegs auf beiden Stromseiten solche einfachen Rampen angelegt. Ein Abstecher auf dem Rheindeich nach Süden führt Sie zu einem historisch wichtigen Baukomplex: dem Sioniterhof.

Sioniterhof und Haus Ruttmann

Damit sich die Seile der Treidler nicht verfingen, mussten die Rheinufer von jeglichem Bewuchs und anderen Hindernissen freigehalten werden. Dies und die Instandhaltung der Treidelwege war hier Aufgabe des Sioniterhofes (Ecke Oberwesselinger/Luziastraße), der bis zur Säkularisation im Besitz des Brigittenklosters in Köln war und auch über weitreichende Fischereirechte verfügte. Der Hof wurde nach einem Brand 1725 erneuert, ebenso die zugehörige Luziakapelle, die mittelalterlichen Ursprungs ist und mehrere Vorgängerbauten besaß. Im 19. Jahrhundert gehörte der Sioniterhof der Familie Pilgram. Vermutlich befanden sich schon in der Antike am Wesselinger Rheinufer Villen und Gutshöfe.
Zwischen Uferstraße und St. Germanus liegt an der Kölner Straße 6 Haus Ruttmann. Das ehemalige Wohn- und Kontorgebäude der Lederfabrik Dumont erinnert an die Gerbereitradition in Wesseling. Die 1797 – nach Aufhebung des Zunftzwanges – gegründete Sohllederfabrik erreichte schnell weiten Absatz und galt als eine der bedeutendsten an Rhein und Mosel. Die sogenannte „Ruttmanns Wiese" wurde als Standort für das Besucherforum „ChemTech" vorgeschlagen, das den seit Längerem gehegten Wunsch der Stadt nach einem modernen „Schaufenster" der Industrie Wirklichkeit werden lassen soll.

Die mittelalterliche Luziakapelle liegt unmittelbar am Rheindeich.

Rathaus und Treidlerbrunnen

Über die gegenüber beginnende Bahnhofstraße erreichen Sie das neue Rathaus von Wesseling. Dort, im Anfang der 1980er Jahre zeittypisch neu gestalteten Wesselinger Stadtzentrum, erinnert der von Jan Schlesinger geschaffene Treidlerbrunnen an die vorindustrielle Bedeutung der Gemeinde als Stützpunkt der Treidelschifffahrt, die hier eine Pferdewechselstation unterhielt. Dies führte zur volkstümlichen Erklärung des Namens Wesseling: Wessel de Ling („Wechsel' die Leine"). Neben den Großfiguren zeigen Reliefs Szenen aus der Wesselinger Geschichte. Am Rathausplatz steht auch das 1912 errichtete Amtshaus der Gemeinde Wesseling.

Der Treidlerbrunnen auf dem Wesselinger Rathausplatz

Der Name „Wesseling" soll auf die einstige Pferdewechselstation der Treidler zurückgehen.

Die Treidelschifffahrt

Jahrhundertelang mussten Schiffe auf dem Rhein mithilfe von langen Seilen stromaufwärts gezogen werden. Bereits die Römer setzten dafür Sklaven ein, später übernahmen Pferde diese mühevolle Arbeit, begleitet von Treidelknechten („Rheinhalfen"). Je nach Größe und Beladung des Schiffes waren bis zu zwanzig Pferde im Einsatz. Die Treidelpfade am Ufer, auch Leinen- oder Leinpfade genannt, sind vielfach heute noch vorhanden.

Die aufkommende Dampfschifffahrt, insbesondere aber die Einführung des Dampfschleppbetriebes durch Ruhrindustrielle wie Haniel und Stinnes, führten zum Niedergang des Treidelns. Im April 1848 kam es zu einem mehrwöchigen Streik der „Rheinhalfen", die gemeinsam mit den traditionellen Schiffern ein Verbot eiserner Kähne und die Verstaatlichung der Schleppdampfer forderten. Der Streik dehnte sich auf zahlreiche Treidelstationen, darunter auch Wesseling, aus. In Kripp unweit der Ahrmündung erinnert heute ein Denkmal daran, dass Dampfschiffe an vielen Stellen mit Flinten und sogar mit Böllern beschossen wurden. Die Angegriffenen panzerten Steuer- und Ruderstände; von Verletzten oder Toten ist nichts bekannt.

Die gewalttätigen Streiks der Halfen zeigten jedoch nicht den gewünschten Erfolg, sondern wurden mit massivem Militäreinsatz unterbunden. Der Fortschritt war auch in der Rheinschifffahrt nicht aufzuhalten, und die Treidler mussten sich neue Einkommensquellen erschließen.

Ein von mehreren Pferden gezogenes Frachtschiff, Gemälde von Johann Heinrich Weiermann, um 1820

Pfarrkirche St. Germanus

Die Straße „An St. Germanus" führt vom Rathaus zurück zum Ende des 19. Jahrhunderts errichteten „Wesselinger Dom", der katholischen Pfarrkirche St. Germanus, die einen 500 Meter weiter nördlich gelegenen Vorgängerbau ersetzte. Während die westliche Doppelturmfassade des neuromanischen Baus der Stadt zugewandt ist, wird zum Rhein hin eine ebenfalls turmflankierte Choransicht nach dem Vorbild der Apostelnkirche in **Köln (Bd. 4)** geboten. In dem eher konventionellen Innenraum fallen vor allem die zahlreichen Skulpturen auf. Neben dem rechten Hauptportal befindet sich auf Fußhöhe ein Messpunkt der kartografischen Landesaufnahme aus preußischer Zeit, der auch die Höhe über NN angibt – der Nordturm von St. Germanus hat also besondere geografische Bedeutung.

Rheinforum

Wenn Sie der Kölner Straße – oder dem Leinpfad – nach Norden folgen, kommen Sie zum „Rheinforum Wesseling", der ehemaligen Zentrale der Reederei „Braunkohle". Hier, „Auf dem Rheinberg", entstanden Verwaltung und Werkstätten der 1919 gegründeten Reederei (heute „RSB Logistic"), die sich zu einer der bedeutendsten Schifffahrtsgesellschaften auf dem Strom entwickeln sollte. Auf dem Gelände des Gutes Mariengarten, ehemals Sitz des Bürgermeisters, hatten 1880 die Brüder Zimmermann ihre

Die eindrucksvolle Doppelturmfassade von St. Germanus

Der Hof des Wesselinger „Rheinforums" öffnet sich zum Fluss.

Chemische Fabrik gegründet, den Vorläufer der später nach Norden verlegten „Degussa“ (heute „Evonik“). 1919 wurde das Wohnhaus des Gutes (Kölner Straße 38) Sitz der Reederei.
Während für die Reederei später ein eigenes Verwaltungsgebäude entstand (heute „Hotel am Rhein“), wurden die alten Werkstätten entlang des Rheinufers immer wieder um- und ausgebaut. Schließlich wurde Hürth neuer Unternehmenssitz. Im Jahre 2004 wurde der Baukomplex als städtisches Veranstaltungszentrum „Rheinforum“ eröffnet und diente bis 2009 auch als Veranstaltungsort der jährlichen „Rheinkonferenz“.

Aussichtspunkt Nordstraße

Von der Kölner Straße zweigen nach Norden mehrere Wege ab, die das Wohnviertel der einfachen Bevölkerung erschlossen. Hier, entlang der Nordstraße, waren neben Tagelöhnern auch die „Rheinhalfen“, die Treidelknechte, zu Hause. Ihre charakteristischen, ein- bis eineinhalbgeschossigen Häuschen finden sich noch häufig entlang der Straße und ihrer Seitengassen. Die am Haus Nordstraße 53 angebrachte Madonna wird – wie die „Schiffermadonna“ von St. Maria Lyskirchen in Köln (siehe S. 115) – mit den Rheinschiffern in Verbindung gebracht. Das Fachwerkhaus mit der Nummer 55 soll während der „Franzosenzeit“ Anfang des 19. Jahrhunderts Sitz des französischen Grenzbeamten gewesen sein, dessen Aufgabe es war, den Warenschmuggel über den Rhein zu verhindern.
Als nördlicher Abschluss des Rheinuferwegs, des alten Leinpfads, wurde ein Aussichtspunkt angelegt (Nordstraße/Ecke Öffgasse), der einen schönen Blick über den Langeler Bogen sowie den Wesselinger und Godorfer Hafen bietet.

Enge Gasse im Wesselinger Schifferviertel

Godorfer Hafen und Chemie-Panoramen

Mit dem Bau der Rheinuferbahn (1904–06), vor allem aber der „Querbahn“ (1901) zu den damals im Schwerpunkt bei Brühl gelegenen Braunkohlegruben begann die industrielle Erschließung der Wesselinger Region. Der Hafen im benachbarten Godorf wurde als Umschlagstelle der „Köln-Bonner Eisenbahnen“ angelegt. Vor dem Hafenamt (Straße „Mühlenhof“) symbolisieren eine Radachse und ein Anker die Verknüpfung der Transportwege Wasser und Schiene. Ein privat betriebenes, nahe des Wesselinger Bahnhofs gelegenes Museum informiert über die Geschichte des Bahnunternehmens; im Bahnhof Brühl-Vochem befindet sich eine entsprechende Fahrzeugsammlung.

Die petrochemische Industrie des Wesselinger Umlands lässt sich kaum fußläufig erfassen; besser per Boot oder vom Auto aus. Besonders eindrucksvoll ist eine Fahrt nachts entlang der alten B 9 (Kölner Straße) oder der Autobahn Köln–Bonn (A 555). Gewisse Einsichten erlaubt auch die Rheinuferbahn (heute Stadtbahnlinie 16).

Das linke Rheinufer zwischen der Hafeneinfahrt Godorf und Sürth lässt sich vom gegenüberliegenden Langeler „Rheinberg“ aus gut betrachten.

Wesselinger Straßenbild

Reger Schiffsverkehr vor der Industriekulisse

Von der Braunkohle zu Öl und Chemie – Hafen Godorf

Der Hafen Godorf (1961–75: Wesseling-Godorf) weist unter den Rheinhäfen zwischen Bonn und Köln einen besonderen Charakter auf. Schon um 1900 wurde ein Teil des Wesselinger Rheinufers in Form eines „Rheinwerfts" mit direkter Kaimauer am Strom befestigt. Hier bestand die Möglichkeit des Umladens von der Schiene direkt auf das Schiff – und umgekehrt. Dies war von besonderem Interesse für die Anlieger der privaten Rheinuferbahn sowie der „Klüttenbahn", welche die expandierenden Braunkohlegruben um Brühl **(Entlang der Erft, Bd. 5)** erschloss.

Schnell etablierten sich die Braunkohlebriketts unter dem Markennamen „Union", vor allem am Oberrhein. Die im „Rheinischen Braunkohlen-Syndikat" zusammengefassten Unternehmen strebten nach dem Vorbild der Ruhrindustrie den Aufbau einer eigenen Reederei an, um die Zuverlässigkeit ihrer Lieferungen zu garantieren. Zur Gründung der Reederei „Braunkohle" kam es jedoch erst 1918, aber nun in großem Maßstab: dreißig Schiffe wurden übernommen. Die während des Ersten Weltkrieges und auf Basis der Braunkohleenergie entstandene Chemieindustrie von Hürth-Knapsack war mit ausschlaggebend für den Bau erster Hafenbecken durch die „Köln-Bonner Eisenbahnen AG" knapp südlich von Godorf. Nach dem Zweiten Weltkrieg wurde die Gemeinde zum Standort wichtiger petrochemischer, kraft- und kunststofferzeugender Industrien („Rheinische Olefinwerke", „Shell"-Raffinerie), die

Verladung am Wesselinger Rheinkai

zwar durch Rohölpipelines über Land versorgt wurden, aber viele Transporte auch über das Wasser abwickelten.

Ende 1957 wurde mit der Umlegung der Hafenmündung und dem Bau eines neuen Ölhafens für die „Shell"-Raffinerie begonnen, die damit auf werkseigene Hafenanlagen verzichtete; ein drittes Hafenbecken entstand als Reserve. Der Aushub der neuen Becken wurde in der unmittelbar nördlich anschließenden Überschwemmungsfläche aufgeschüttet. 1961 erhielt der Hafen – der nun überwiegend auf Godorfer Gebiet lag – den Namen „Rheinhafen Wesseling/Godorf". Während vor dem Baukomplex der Reederei „Braunkohle" Werkstatt-, Bunker- und Bugsierboote, Schlepper sowie in Reparatur befindliche Kähne lagen, mussten auf Beladung wartende Schiffe „auf Reede" weiter südlich auf Höhe des Wesselinger Rheinparks festmachen. Insgesamt neun Kräne – nur der südlichste stand auf Wesselinger Gebiet – dienten der Beladung der Schiffe am Werftufer.

Zwischen Becken 1 und 2 entstand in den 1960er Jahren eine Phosphat-Siloanlage, die bis zu ihrem Abbruch 1996 das markanteste Bauwerk des Hafens war. Die Godorfer Windmühle, ein mächtiger Backsteinturm, mit zugehörigem Mühlenhof seit dem Bau der Rheinuferbahn zwischen Gleisen und Hafenbecken 1 gelegen, überlebte auch diesen Nachbarn. Das Verschwinden der Siloanlage hatte zumindest indirekt auch mit dem Rhein zu tun, denn Ende der 1980er Jahre wurde die Problematik des Phosphats im Abwasser erkannt, was zu einem schnellen Ersatz dieser Chemikalie führte.

Der Wandel der Umschlaggüter und der Rückgang des Braunkohle- und Brikett-Transports per Schiff führten bei der Reederei „Braunkohle" zu einer Neuorientierung. Schon Anfang der 1960er Jahre waren die letzten Dampfschlepper ausgemustert und zunächst durch Dieselfahrzeuge

Blick über die „Degussa"-Werke nach Süden

ersetzt worden. Gleichzeitig begann man, personalsparende Schubverbände einzuführen. 1999 wurde schließlich der durch Umstrukturierungen nicht mehr benötigte Komplex der Werkstätten und Büros am Wesselinger Rheinberg aufgegeben und das Areal an die Stadt verkauft. Im Rahmen der – kurz darauf rückgängig gemachten – Eingemeindung Wesselings nach Köln erhielt der Hafen 1975 den alleinigen Namen Köln-Godorf. 1992 wurde er mit den anderen Kölner Rheinhäfen in die neu gegründete „HGK – Häfen und Güterverkehr Köln" eingebracht. Die HGK betreibt derzeit noch vier Häfen in Köln: neben dem Godorfer den Deutzer Hafen und die Häfen Niehl I und Niehl II (Ölhafen). Der Mülheimer Hafen ist ein staatlicher Schutzhafen.

Seit längerer Zeit plant die HGK den Ausbau des Godorfer Hafens in Richtung Norden. Im Bereich der Sürther Aue, die durch Aufschüttung entstand, soll ein neues Becken von 65 x 345 Meter Größe angelegt werden. Die im Naturschutzgebiet Sürther Aue wegfallenden Flächen sollen durch Aufwertung benachbarter Areale sowie durch Maßnahmen im Bereich Langel-Worringen ausgeglichen werden. Gegner des Ausbaus führen unter anderem an, dass umfangreiche Flächen in den Industriehäfen Deutz und Niehl derzeit nicht hafenspezifisch genutzt seien und dass der Bedarf an Umschlagflächen für Container in dieser Größenordnung nicht bestehe und auch nicht zu erwarten sei.

Blick vom linksrheinischen Langeler „Rheinberg" Richtung Godorf und Wesseling

Begehung einer chemischen Anlage

TOURISMUSINFORMATION
Stadt Wesseling
Alfons-Müller-Platz
50389 Wesseling
Tel. 02236 / 701-0
www.wesseling.de

Informationen zu den **Projekten der Regionale 2010 in Wesseling** unter:
www.wesseling2010.de

Informationen zu **Ortsgeschichte** und **Sehenswürdigkeiten** unter:
www.heimatverein-wesseling.de

Informationen zum **Hafen Godorf** unter:
www.hgk.de

UNTERWEGS
Schiffstouren
Linienverkehr Köln–Bonn–Linz
(mit Halt in Wesseling):
www.k-d.com

Fahrgastschiff „Anja"
Familie Weisbarth
Rheinstr. 299
50389 Wesseling
Tel. 02236 / 59 53 53
www.fahrgastschiff-anja.de
Fahrten zu besonderen Anlässen, z. B. Kölner Lichter oder Rhein in Flammen

Personenfähre Wesseling–Niederkassel/ Lülsdorf
Mo–Fr ca. 6–19 Uhr, Apr.–Sept. auch Sa 8.30–15 Uhr, So. 9.30–19 Uhr
Fahrscheine: Erw. 1 €, Kinder 4–10 Jahre 0,50 €

HEREINGESCHAUT!
Eisenbahnmuseum Wesseling der Köln-Bonner Eisenbahn-Freunde
Westring / Schwarzer Weg
50389 Wesseling
Tel. 02236 / 422 73 (Jean Riemann)
www.koeln-bonner-eisenbahn-freunde.de
1. und 3. Samstag des Monats 10–12.30 Uhr und nach Anmeldung (Gruppen)
Eintritt: 1 € (ab 14 Jahren)

Der Anleger der „Köln-Düsseldorfer" an der Wesselinger Rheinpromenade unterhalb von St. Germanus

Regionale 2010
Gesamtperspektive Wesseling

Das Projekt „Gesamtperspektive Wesseling“ packt die Stadtentwicklung von Wesseling in vier Schwerpunkten an: die Innenstadt attraktiver gestalten und beleben, Stadt und Rhein besser verbinden, mehr Naturschutz und Freizeitangebote in der Landschaft zwischen Köln und Bonn schaffen und die Chemie am Standort zum starken Markenzeichen machen.

Das Rheinufer:
Mit der Neugestaltung des Ufers werden der Fluss und die Stadt stärker miteinander verbunden. Von Ruttmanns Wiese als Endpunkt der Fußgängerzone soll eine großzügige Freitreppe bis hinunter auf die Promenade mit der Lindenallee und einem neuen Rheinsteg führen. Zusammen mit den großen Rasenflächen und offenen Balkonen zum Rhein entsteht oberhalb eine helle und luftige Parklandschaft mit Freizeit-, Spiel- und Erholungsangeboten.

Innenstadt und Bahnhof:
Um die Freiflächen der Innenstadt besser zu nutzen, soll die Fußgängerzone aufgeräumt und neu gestaltet werden. Spielen, Sitzen, Feiern

Die Grünflächen rund um Wesseling sollen weiter ausgebaut werden.

und Einkaufen – jede Funktion bekommt ihren Raum. Die Stadthälften beiderseits des Haltepunktes der Stadtbahn zwischen Köln und Bonn sollen besser verbunden und die Stadt attraktiver präsentiert werden.

Markenzeichen Chemie:
Die Chemieindustrie prägt das Bild der Stadt. Ein Netz aus Informations- und Aussichtspunkten soll aus Wesseling eine Stadt des Lernens und Erlebens rund um die Chemie machen.

Rheinkonferenz

Auf Einladung der Stadt war das Rheinforum in Wesseling seit 2005 Schauplatz der Rheinkonferenzen, die unter jährlich wechselndem Schwerpunkt den Dialog zwischen den Rheinanliegern anregen. Themen der letzten Jahre waren Logistik, Hochwasser, Stadtentwicklung, Literatur und Tourismus. Daraus entstand ein regionaler „Arbeitskreis Rhein“, der die längerfristige Zusammenarbeit sichern soll.
Mit der Rheinkonferenz 2010, die erstmals in Bonn stattfinden wird, soll der Bezugsraum auf den gesamten Flusslauf von der Quelle bis zur Mündung ausgedehnt werden. Unter dem Motto „Zukunft Rhein“ ist das erklärte Ziel die Initiierung eines dauerhaften interkommunalen und interdisziplinären Dialogs zu den gemeinsamen Entwicklungsaufgaben am Rhein.

Das Wesselinger Uferpanorama, überragt von der viertürmigen St.-Germanus-Kirche

Im „Rheinforum“ fand bis 2009 die jährliche Rheinkonferenz statt.

Erlebnisraum Porz und Zündorf

Das rechtsrheinisch gelegene Porz war ein bergischer Vorposten gegenüber der freien Reichsstadt Köln. Unsere Tour führt vom heutigen Stadt(teil)zentrum zur alten Schiffer- und Kaufmannssiedlung Zündorf, die von einem mittelalterlichen Wehrturm flankiert wird. Die zahlreichen Gaststätten rings um den Marktplatz am alten Rheinarm und die in den frühen 1970er Jahren parkähnlich ausgebaute Halbinsel „Groov" machen Zündorf heute zu einem beliebten Naherholungsziel. Doch auch die historischen Gassen, Kirchen und Höfe lohnen einen Besuch. Ein Wegenetz rund um den ehemaligen Rheinarm und nach Süden bis Langel steht Spaziergängern wie Radfahrern offen; auf dem Altarm können Sie Ruder- und Tretboote ausleihen.

Tipp: Besuchen Sie das etwa zwei Kilometer von Zündorf entfernte Schloss Wahn (erreichbar über die Wahner Straße). Dort zeigt die Theaterwissenschaftliche Sammlung der Universität Köln wechselnde Ausstellungen in einem hervorragend erhaltenen und original ausgestatteten rheinischen Barockschloss mit Nebengebäuden.

Anfahrt:

ÖPNV: Die Straßenbahnlinie 7 verbindet Porz und Zündorf (Endstation) mit der Kölner Innenstadt, zwischen den Bahnhöfen Köln-Porz und Köln-Wahn (S 12, S 13) und den Orten am Rhein verkehren Busse.

Schiff: Porz wird von der Köln-Düsseldorfer Reederei angefahren, eine private Personenfähre verbindet Zündorf und Weiß.

Fahrrad: Mit dem Fahrrad sind Porz und Zündorf entlang des Leinpfads und per Fähre über den Rhein aus allen Richtungen gut zu erreichen.

Auto: Über die Flughafen-Autobahn 59 bis Ausfahrt Porz-Wahn oder Autobahnkreuz Flughafen Richtung Porz-Zentrum; Parkplätze in Porz neben dem Bezirksrathaus, in Zündorf in Nähe des Sporthafens (Hauptstraße/Ecke Rosenhügel) oder am Kombibad Zündorf (ausgeschildert)

Blick über den Binnensee der Groov auf die Niederzündorfer Kirchen

Rheinkreuzfahrtschiff vor Porz

Porz
Start
Rathaus
St. Josef
Hauptstraße
Lukaskirche
N
0
250
m
Weißer Leinpfad
Friedrich-Ebert-Ufer
Weiß
Rhein
Hauptstraße
Sporthafen
Leinpfad
Fähranleger
Turmhof
Zündorf
Marktplatz
G
r
o
o
v
Langel
Marktstr.
St. Michael
Burgweg
Schmittgasse
Kombibad
Hauptstraße
Schmittgasse
Wahner Straße
Schloss Wahn

Vom Amt Porz und dem Hafen Zündorf

Im Jahr 1951 wurde Porz zur Stadt erhoben, doch schon 1975 nach Köln eingemeindet und Stadtbezirk. Seine historische Bedeutung erhielt es über Jahrhunderte als wichtiger Verwaltungsmittelpunkt des Herzogtums Berg. Seit 1286 war Porz Hauptgericht für mehrere unterstellte Gerichte; als „Amt Porz" war es seit 1555 für alle bergischen Landgerichte südlich der Wupper zuständig. Erst zu Beginn des 19. Jahrhunderts wurde diese Struktur von der französischen Besatzung aufgelöst. Ob der Ortsname auf *portus* (Hafen) oder *porta* (Tor), wie alte Siegel und Wappen nahelegen, zurückzuführen ist, bleibt unklar. Einen guten Eindruck von der Lage des Ortes gewinnen Sie von der Promenade auf Höhe des Bezirksrathauses (Friedrich-Ebert-Ufer).

Auf dem Westhovener Leinpfad Richtung Porz

Im zentralen, hochwasserfreien Bereich des Prallufers des Weißer Bogens gelegen, bot Porz siedlungsnahe Landestellen für die Schifffahrt, war aber im Nachteil gegenüber dem geschützten Zündorfer Rheinarm. Als zudem zwischen dem 16. und 18. Jahrhundert Kriege die Region verwüsteten, verlor der mehrfach zerstörte Ort für lange Zeit seine wirtschaftliche Bedeutung.

Porzer Rathaus und Kirchen

Erst mehrere Industrieansiedlungen zwischen Rhein und der um 1870 fertiggestellten Eisenbahn, etwa die heute nicht mehr existierende „Adelenhütte“ und die „Spiegelglaswerke Germania“ – einer der besterhaltenen Werkskomplexe der Gründerzeit –, führten zum Aufstieg von Porz zum Hauptort der Region. Das zu Beginn des 20. Jahrhunderts un-

Das Porzer Rathaus entstand in mehreren Abschnitten.
Der Sporthafen Zündorf

mittelbar am Rhein errichtete Rathaus der Bürgermeisterei – heute Bezirksrathaus – und die etwa zeitgleich fertiggestellten Pfarrkirchen St. Josef (katholisch) und Lukaskirche (evangelisch) mit ihren architektonisch auffällig modern gestalteten Türmen dokumentieren dies.

Sporthafen Zündorf

Als Nächstes erreichen Sie über den Leinpfad stromauf den Sporthafen Zündorf am Beginn des ehemaligen Rheinarmes an der Zündorfer „Groov". Er bietet neben Motor- sogar einer Anzahl von Segelbooten Platz und wird vom „Club für Wassersport Porz" betrieben. Seine Ruderabteilung lagert ihre Boote in einem ehemaligen Brauerei-Eiskeller im Uferhang. Nebenan ist der „Kanu-Club Zugvogel" beheimatet, mit etwa 200 Mitgliedern einer der größeren Wassersportvereine Kölns. Neben Wettkämpfen und Wanderfahrten ist ein Schwerpunkt der Schulsport, der von verschiedenen Kölner Schulen in der Woche oder an Wochenenden wahrgenommen wird.

Turmhof

Ein Stück weiter auf dem Leinpfad gelangen Sie zum Turmhof, einem mittelalterlichen, wohl im späten 13. Jahrhundert aus schwarzen Basaltblöcken errichteten Wehrturm nebst Herrenhaus. Er dokumentiert die Bedeutung Niederzündorfs. Die naheliegende Deutung als Zollturm ist allerdings nicht belegt, auch wenn ab dem 15. Jahrhundert der Herzog von Berg in Zündorf einen Rheinzoll erhob. 1864 wurde der Turm als Lagerraum wiederhergerichtet, Ende der 1970er Jahre nach Plänen von Gottfried Böhm umgebaut und war zeitweise eine Außenstelle des Kölner Stadtmuseums; seit 1999 wird er in privater Trägerschaft vor allem für Kunstausstellungen genutzt.

Wehrturm und Turmhof in Zündorf

Der zwanzig Meter hohe Turm besitzt bei knapp sieben Metern Breite am Sockel weit über einen Meter Mauerstärke. Der alte Zugang befand sich aus wehrtaktischen Gründen im dritten Geschoss und war nur über eine Holzleiter zu erreichen. Der Turm trägt heute ein schiefergedecktes Spitzdach. Stellen Sie sich ihn aber ursprünglich mit vier vorkragenden Ecktürmchen und einem umlaufenden, zinnenbekrönten Wehrgang vor. Das große Herrenhaus stammt aus dem 18. Jahrhundert und zeigt das Allianzwappen derer von Wolff-Metternich und von Asseburg. „Die von Zündorf" waren bereits 1167 als Dienstmannen des Kölner Erzbischofs nachweisbar.

Ortskern Niederzündorf

Zündorf entwickelte sich aus zwei Siedlungskernen, von denen Oberzündorf, der ältere und bedeutendere, zum ersten Mal im Jahr 1009 erwähnt wird. Dank des Rheinhandels konnte Niederzündorf aber seit dem 13. Jahrhundert aufholen. Für das südliche Bergische Land **(Vierflüsseland, Bd. 2)** sowie als Umladestation zur Umgehung des Kölner Stapels wurde Zündorf mit seinem durch die Rheininsel „Groov" gebildeten natürlichen Landeplatz ein wichtiger Hafenort. Einmal suchte selbst der Rhein den Weg an Köln vorbei: Beim durch eine Eisbarriere angestauten Rheinhochwasser von 1784 durchbrach der Strom zwischen Westhoven und Poll das Ufer und floss durch eine vorhandene Senke östlich von Deutz bis nach Mülheim.

Folgen Sie dem Leinpfad weiter bis zum (Nieder-)Zündorfer Marktplatz. Die ökonomische Bedeutung und

Die romanische Kirche St. Michael in Niederzündorf
Inschrift auf dem Sockel der Johannes-Nepomuk-Statue

der relative Wohlstand, die Zündorf im 18. Jahrhundert erlangte, ist noch an den repräsentativen Fachwerkhäusern der hier ungestört und frei lebenden und wirtschaftenden protestantischen und jüdischen Kaufleute ablesbar, denen das katholische **Köln (Bd. 4)** das Bürger- und Aufenthaltsrecht jahrhundertelang verwehrte. Neben kleinen Schiffer- und Fischerhäusern finden sich hier und in den umliegenden Straßen stattliche Kaufmannsanwesen, so Am Markt Nr. 4 und 6. Das Haus Marktstraße 20 war „Stapelhaus" des Mülheimer Unternehmers Dirk van Hees. In der Gütergasse 33–41 steht das Mitte des 18. Jahrhunderts errichtete Haus des Kaufmanns Pelletier, später Kloster und Altenheim der Cellitinnen. Dahinter liegt eine in den 1980er Jahren errichtete Siedlung nach Plänen Gottfried Böhms, die sich bewusst in den historischen Ortskern einfügt.
Der mitten auf dem Platz stehende Johannes-Nepomuk-Bildstock weicht durch seine Inschrift und Symbole von den üblichen Statuen dieses Schifferheiligen ab: „1775 haben die hiessige Schifleuth zu Ehre Gotes d(ies) B(ild) a(uf)r(ichten) l(assen) ..." Über der Muschelnische umgeben Schiffersymbole wie Anker, Paddel und Bootshaken ein Kreuz.
Am Südende des Marktes führt der Burgweg hinauf zur Niederzündorfer Kirche St. Michael. Vom 11. bis zum 17. Jahrhundert wurde immer wieder an dem romanischen Saalbau gearbeitet, der inmitten des alten Friedhofes auf einer leichten Anhöhe über einem alten Rheinarm liegt. Das nördliche Seitenschiff wurde 1906 abgerissen. Erhalten blieben glücklicherweise der Vierkantturm mit Rhombenhelm aus dem 12. Jahrhundert, der dreiseitige Chor im Osten, die Kapelle im Süden und die Sakristei im Norden, die 1692 erbaut wurden. Unweit von St. Michael wurde 1895–97 die auf die Hauptstraße ausgerichtete neugotische Backsteinkirche St. Maria Geburt (Architekt: Franz Langenberg) errichtet.

Ehemaliges Kaufmannshaus am Zündorfer Marktplatz

Zündorfer Groov

Vom Markt aus führt ein Damm zwischen zwei Teichen auf die ehemals dem Ort vorgelagerte Rheininsel. Seit dem Mittelalter befand sich vor Zündorf eine Insel mit Namen „Groov" (möglicherweise nach dem gallischen Wort *grava* = Kies, Sand, Sandbank, engl. *gravel*) oder Mittelwerth. Der Rheinarm zwischen Insel und Zündorf bildete einen natürlichen Hafen und die Grundlage für den Aufstieg Zündorfs als Warenumschlagplatz. Die vormals mit Weiden bestandene Insel wurde nach und nach durch Kribben (Steindämme) und gezielte Pflanzungen gegen Abtragung befestigt. Nachdem im Rahmen des Rheinausbaus die Südspitze der Insel 1852 mit dem Festland verbunden worden war, versandete der Hafen immer mehr und verwandelte sich in ein Binnengewässer. In den

Tret- und Ruderboote auf dem See der Groov
Strandleben am Rhein

fünfziger und sechziger Jahren des 20. Jahrhunderts bildete, so wird berichtet, die Groov einen „schwindsüchtigen Anblick“: Neben allerlei Gerümpel vermoderte der Aalkutter des letzten Zündorfer Berufsfischers, und bis zur Kanalisierung flossen die Abwässer ungeklärt in das stinkende Gewässer.

Um 1970 begann man mit dem Ausbau der Groov als Naherholungsgebiet unter Berücksichtigung der natürlichen Uferlandschaft. Geplant wurde dann langfristig die „Renaturierung“ der gesamten Rheinaue zwischen Zündorf und Langel, die bis in die 1990er Jahre komplett umgesetzt werden sollte. Die eigentlich damit verbundene Entfernung der Pappelbestände am Rhein wurde allerdings von der Bevölkerung erfolgreich verhindert.

Von der Groov aus können Sie, ob zu Fuß oder mit dem Fahrrad unterwegs, durch die grüne Uferlandschaft weiter Richtung Süden bis nach Langel (und darüber hinaus) spazieren oder fahren. Nach Norden, Richtung Kölner Innenstadt, führen der Leinpfad und die Promenaden von Porz und Westhoven. Auch die andere Rheinseite ist ganz leicht zu erreichen: Vom Zündorfer Marktplatz führt ein Damm zur Anlegestelle der privaten Rheinfähre, die ihre Passagiere von hier aus nach Rodenkirchen-Weiß bringt. Durch den Weißer Auwald und Rodenkirchen geht es Richtung Köln, wobei zahlreiche kleine Buchten mit Sandstränden sich für ein (Sonnen-)Bad anbieten.

Die Fähre „Krokodil“ verbindet Zündorf und Weiß.

Rheinregulierung – die Zähmung des Stroms

Im Abschnitt zwischen Königswinter und Köln wird aus dem schmalen, schnell fließenden Fluss der Mittelgebirgslandschaft der breite, langsamere Strom des Niederrheins. Damit ändern sich auch Form und Eigenschaften des Strombettes. Bei Hochwasser konnte sich der Fluss an den flachen Uferabschnitten ein neues Bett suchen; geringere Fließgeschwindigkeit und große Kiesmengen führten zu wechselnden Untiefen und Sandbänken, aus denen neue Inseln entstanden. Das „Wandern" des Flusses lässt sich in der Niederrheinlandschaft über Jahrtausende nachvollziehen; versandende oder sich verlagernde Arme beeinträchtigten den Hafen- und Handelsbetrieb und damit den Wohlstand der Siedlungen oder führten sogar zur Zerstörung und Verlagerung (Leverkusen-Wiesdorf).
Zur Gewinnung von Hafen- und Lagerflächen wurde der Fluss aber auch künstlich verschwenkt. Ein einheitlicher „Stromkörper" wurde durch Abtrennung von Seitenarmen erreicht, dem Wandern des Flusses durch die Befestigung der Prallhänge und die Anlage von einengenden Kribben an den Gleithängen und geraden Strecken entgegengewirkt. Dafür wurden große Mengen von Säulenbasalt sowie Bruchstein vom Mittelrhein verwandt. Die freie Reichsstadt Köln investierte schon im Mittel-

Kribben lenken den Rheinstrom und erhöhen die Fließgeschwindigkeit in der Fahrwasserrinne.

alter erhebliche Beträge in Maßnahmen (die sogenannten „Poller Köpfe"), die einen drohenden Durchbruch zwischen Poll und Deutz verhindern sollten, der die Stadt vom Strom abgeschnitten hätte.
Eine der ersten Wasserbauverwaltungen wurde 1764 unter Friedrich dem Großen in den preußischen Territorien am Niederrhein eingerichtet; sie schuf unter anderem Rheindurchstiche bei Rees und Wesel. Der zunehmenden Bedeutung des Rheins für die internationale Schifffahrt im Zeitalter der Industrialisierung wurde im Rahmen des Wiener Kongresses mit der Bildung der „Zentralkommission für die Rheinschifffahrt" im Jahre 1815 Rechnung getragen (siehe S. 160). Neben der Überwachung der Schifffahrt und Vereinheitlichung der entsprechenden Gesetze und Bestimmungen gehört die Koordination der Strombaumaßnahmen zu ihren zentralen Aufgaben. Bis heute bilden die Vorgaben dieser Behörde entscheidende Richtlinien.
Die Planung und Umsetzung von Strombaumaßnahmen und die Zustandsüberwachung liegen in den Händen der Wasser- und Schifffahrtsverwaltung des Bundes, die regional mit Ämtern vertreten ist. Auch die Feststellung und Vereinheitlichung der Pegelstände, die Gewährleistung einer Mindesttiefe der Fahrrinne und deren Kennzeichnung gehören zu den Aufgaben der Wasser- und Schifffahrtsämter. Das Mindestprofil der Fahrrinne beträgt 150 Meter Breite und 2,50 Meter Tiefe bei „gleichwertigem Wasserstand" – in Köln und Bonn 1,45 Meter Kölner beziehungsweise Bonner Pegel. Wird dieser unterschritten – wie etwa im Herbst 2009 –, dann dürfen tiefgehende Schiffe nur noch teilweise beladen werden.
Unabhängig von den genannten Institutionen sind Teile der Rheinuferbefestigung in kommunalem oder privatem Besitz und müssen von den jeweiligen Eigentümern unterhalten werden.

Ursprüngliche Flusslandschaft am Oberrhein – ab 1817 wurde der Rhein unter Leitung des Ingenieurs Johann Gottfried Tulla begradigt.

TOURISMUSINFORMATION
KölnTourismus GmbH
Kardinal-Höffner-Platz 1
50667 Köln
Tel. 0221 / 221-304 00
www.koelntourismus.de

Über die **Geschichte der Porzer Ortsteile** informiert die Internetseite:
www.porz-am-rhein.de

UNTERWEGS
Schiffstouren
Linienverkehr Köln–Bonn–Linz
(mit Halt in Porz):
www.k-d.com

Personenfähre Weiß–Zündorf
Weißer Leinpfad (Fähre)
50999 Köln
Bordtelefon: 02236 / 683 34
www.faehre-koelnkrokodil.de
März Sa, So 10 Uhr bis Sonnenuntergang
Apr.–Sept. Mo–Fr 11–19 Uhr, Sa, So, feiertags 10–20 Uhr
Fußgänger: 1,80 €, Radfahrer: 2 €

HEREINGESCHAUT!
Museum Zündorfer Wehrturm
Hauptstraße 181
51143 Köln (Porz-Zündorf)
Tel. 02203 / 575 76 09
www.museum-zuendorfer-wehrturm.de
Das Museum zeigt heute in privater Trägerschaft wechselnde Kunstausstellungen.
Öffnungszeiten während der Ausstellungen:
Mi und Sa 15–18, So 14–18 Uhr und nach Vereinbarung

Theaterwissenschaftliche Sammlung Schloss Wahn
Burgallee 2
51147 Köln (Porz-Wahn)
Tel. 02203 / 600 92-0
www.schloss-wahn.de
Mo–Fr 10–16.30 Uhr, Feiertage und August geschlossen

An Sommerwochenenden sind häufig zwei Fähren zwischen Weiß und Zündorf im Einsatz.

EINKEHREN
Mehrere Gaststätten befinden sich rings um den Zündorfer Markt.

Gaststätte „Groov-Terrasse" mit **„Zündorfer Bootsverleih"**
Am Markt 4
51143 Köln
Tel. 02203 / 855 44
www.groov-terrasse.de
Im Sommer täglich ab 11 Uhr, So ab 10 Uhr
Im Winter Mo–Mi, Fr, Sa ab 14 Uhr, So ab 12 Uhr
Bootsverleih während der Sommersaison

Eltzhof
Brauhaus, Eventlokal, Theater
St. Sebastianusstr. 10
51147 Köln-Wahn
Reservierungen: 02203 / 980 08-22
www.eltzhof-kulturgut.de
Täglich 11–24 Uhr, So ab 10 Uhr
Im Sommer großer Biergarten

AKTIV DABEI
Kombibad Zündorf
Trankgasse 10, 51143 Köln (Porz-Zündorf)
Tel. 02203 / 18 35 30
www.koelnbaeder.de

Gemüsestand auf dem Deich bei Zündorf

Der Zündorfer Marktplatz mit der Nepomuk-Statue bietet viel Gelegenheit zur Einkehr.

Erlebnisraum Rodenkirchen

Rodenkirchen ist ein klassisches und entsprechend gastronomisch ausgebautes Ausflugsziel südlich des Kölner Stadtzentrums, das Sie insbesondere auch mit dem Schiff gut erreichen können. Die Kombination von architektonischen Sehenswürdigkeiten, Geschichtsdenkmalen und der besonderen Atmosphäre am Strom bietet vielfältige Erlebnismöglichkeiten. So können Sie etwa im Villenviertel Spuren von Schiffsarchitektur entdecken, in alten Bootshäusern einkehren oder ein Sonnenbad an der „Riviera" nehmen. Besonders interessant sind auch die aufwendigen Maßnahmen zum Hochwasserschutz, die hier in der jüngsten Vergangenheit umgesetzt wurden.

Als „kultureller Höhepunkt" einer längeren, naturbetonten Tour per Fahrrad lässt sich Rodenkirchen aus allen Richtungen gut erreichen. Dank der zahlreichen Brücken in der Umgebung und der Fähre Weiß–Zündorf können Sie den Strom an mehreren Stellen überqueren. Auf beiden Flussseiten stehen autofreie Wege zur Verfügung, wenn es auch an Wochenenden eng werden kann.

Anfahrt:

ÖPNV: Rodenkirchen ist erreichbar mit der zwischen Köln und Bonn verkehrenden Rheinuferbahn (heute Stadtbahnlinie 16). Haltestellen: Heinrich-Lübke-Ufer (an der Brücke) oder Rodenkirchen (Zentrum)

Schiff: Die Rundfahrtboote von KölnTourist starten Richtung Rodenkirchen unter der Hohenzollernbrücke; Zustiegsmöglichkeit am Sport- und Olympiamuseum im Rheinauhafen. Bei Hoch- oder Niedrigwasser besteht aber in Rodenkirchen evtl. keine Anlegemöglichkeit.

Auto: Über die A 555 (Bonn–Köln), Abfahrt Rodenkirchen. Parkmöglichkeiten unter der Autobahnbrücke oder (begrenzt) entlang der Uferstraße.

Am Rodenkirchener Rheinufer konkurrieren historische Bauten und moderne Wohnanlagen. Das Bootshaus „Alte Liebe" liegt unterhalb der Villa Reimbold.

Marienburg
Westhoven
Rodenkirchen
Rhein
A 4
B 9
Heinrich-Lübke-Ufer
Rodenkirchener Brücke
Start
Maternus-Statue
Bootshäuser
Rodenkirchener
Alt St. Maternus
Haupt-
Kirchstr.
Rheinstr.
Leinpfad
Barbarastr.
Uferstraße
Bauhaus-Villen
Walter-Rathenau-Str.
straße
Brücken-
str.
Maternusstr.
Grimmelshauser Str.
Sürther
Str.
Weißer Str.
„Kölsche Riviera"
Moltkestr.
Roonstr.
Grüngürtel-
str.
Uferstraße
Pumpwerk
Weißer Bogen
N
0
200
m

Vom Fischerdorf zur „Kölschen Riviera“

Die bis 1975 zum Landkreis Köln gehörende Gemeinde Rodenkirchen (heute Stadtbezirk) war aus Kölner Sicht die erste Siedlung jenseits des Festungsgürtels, der nach dem Ersten Weltkrieg und der folgenden „Entfestigung“ als „Äußerer Grüngürtel“ erhalten blieb. Das Gasthaus „Zum Treppchen“ unmittelbar neben der Maternuskapelle am Rhein gehörte schon früh zu den ländlichen Ausflugszielen der Kölner. Um 1900 begann – angeregt auch durch die nahe Marienburg – der Bau von Villen am Rheinufer; seit 1905 bot die Rheinuferbahn (heute Stadtbahnlinie 16), die den Ort rückseitig umfährt, eine bequeme Verbindung nach Köln.

Autobahnbrücke und Maternus-Bildstock

Unser Weg rheinauf folgt immer dem ehemaligen Leinpfad; Abstecher „landeinwärts“ sind hier und da zu empfehlen. Wir beginnen unter der Rodenkirchener Autobahnbrücke. Mit dem Bau der Brücke 1938–41, die nach baldiger Kriegszerstörung kaum verändert ab 1952 wieder aufgebaut wurde, erhielt Rodenkirchen ein besonderes Wahrzeichen (s. auch S. 123). Während die eigentliche Tragkonstruktion der Brücke nach einem Entwurf von Fritz Leonhardt und Paul Bonatz als monumentale Hängebrücke mit zwei Portal-Pylonen ausgeführt wurde, erhielten die

Wegen des zunehmenden Verkehrs wurde die Rodenkirchener Brücke in den 1990er Jahren durch einen Anbau „verdoppelt“.

Brückenköpfe eine aufwendige Werksteinverkleidung, die ihren Höhepunkt in den mit Adler und Hakenkreuz geschmückten, heute zugesetzten Tunnelportalen zur mittleren Fußgängerquerung erreichte.
Wenn Sie nun zum Rhein hinuntergehen, sehen Sie an der Seitenmauer des ersten Anwesens zwischen Fluss und Hauptstraße eine Maternus-Statue. Diese geht auf Kölner Karthäusermönche zurück, die im Mittelalter in Rodenkirchen Wein anbauten. Damals besaßen die Kölner Abtei Groß St. Martin **(Köln, Bd. 4)** sowie die Stifte St. Severin und St. Georg Güter in Rodenkirchen; der Ort selber gehörte jedoch wie Wesseling zum bergischen Amt „Löwenburg“. Der Wein wurde offensichtlich in der Horizontalen angebaut, denn die Felder litten unter Hochwasser. Wohl nicht zuletzt deshalb bemühten sich die Karthäuser intensiv um den Hochwasserschutz des niedrig gelegenen Ortes: sie initiierten eine teilweise Erhöhung und die Befestigung der Böschungen.

Bootshäuser

In den seit dem letzten Viertel des 19. Jahrhunderts entstandenen gutbürgerlichen Wohngebieten zwischen Bayenthal und Rodenkirchen wurden mehrere Rudervereine gegründet, deren Bootshäuser sich auf dem Rhein aneinanderreihen; hinzu kamen früher die schwimmenden Rheinbadean-

Barocker Maternus-Bildstock am Rodenkirchener Ufer

stalten. Einige Bootshäuser dienen heute auch als Yachtclubs oder als reine Gastronomiebetriebe („Alte Liebe“, „Albatros“). Mit der Schifffahrt kamen die teilweise bis in die 1920er Jahre zurückreichenden schwimmenden Häuser nicht selten in Konflikt, wenn in der schnell strömenden Außenkurve ein Frachter zu nah ans Ufer geriet; so wurde 1993 die „Alte Liebe“ gerammt. Zwar sind die Bootshäuser nicht die einzigen in Köln, aber eine solche Ansammlung findet sich am ganzen Rhein nicht noch einmal. Viele ältere Kölner Bootshäuser wurden im Zweiten Weltkrieg zerstört. Vereine, die sich nicht an Land niederlassen konnten oder wollten, griffen zu Lösungen wie der „Kölner Club für Wassersport“, der die Hälfte eines Frachtkahns zum Bootshaus ausbaute.

Hochwasserschutz

Unmittelbar vor der Maternuskapelle liegen die beiden historischen Gasthäuser „Zum Treppchen“ und „Fährhaus“. Um ein Eindringen von Hochwasser über die Kirchstraße in die niedrig gelegenen Bereiche von Alt-Rodenkirchen zu verhindern, waren hier besonders aufwendige Schutzmaßnahmen notwendig, die auf Schautafeln erläutert werden. Die tief liegende Terrasse des „Treppchen“ wird im Hochwasserfall durch eine mobile Wand geschützt, an

„Alte Liebe“ und Autobahnbrücke

Konsole in einer Stützwand am Rheinufer

Wassersport auf dem Rhein

Freizeitsport auf einer der meistgenutzten Schifffahrtsstraßen – geht das? Trotz der intensiven Berufsschifffahrt ist der Rhein ein beliebtes Sportrevier. Jetski und Motoryachten, aber vor allem Ruderboote, Kajaks und Kanus haben auf dem Rhein noch immer viel Platz. Mehrere Dutzend Wassersportvereine mit Tausenden von Mitgliedern finden sich alleine zwischen Bad Honnef und Leverkusen. Am Bonner und Beueler Rheinufer sowie im Bereich Köln-Rodenkirchen/Bayenthal häufen sich die Vereine.

Einige Rudervereine in Bonn haben akademische Tradition; aber auch in Köln wurden bereits in den letzten Jahrzehnten des 19. Jahrhunderts entsprechende „Clubs“ gegründet; im Kölner Gürzenich wurde gar 1883 der Deutsche Ruder-Verband aus der Taufe gehoben. Gegenüber dem „bürgerlich-akademischen“ Rudersport haben Kanu- und Kajaksport, insbesondere aber das Faltboot, deutlich individuellere,

In und um Rodenkirchen haben sich Kanu- und Rudervereine niedergelassen.

„proletarische" Wurzeln und waren von Beginn an stärker auf Freizeitgestaltung und Naturerlebnis ausgerichtet. Inzwischen haben sich die Interessen einander angenähert, und alle Wassersportler sind froh über die Verbesserung der Wasserqualität, die sogar wieder ein erfrischendes Bad ermöglicht, und die geschützten Naturräume entlang des Flusses.
„Muskelkraftgetriebene" Fahrzeuge, so lauten die Regeln, können zwar ohne „Führerschein" genutzt werden, müssen sich aber überwiegend am Rande der Fahrrinne aufhalten und der Berufsschifffahrt immer Vorrang lassen. Über die Zulassung als Ruderer, Steuer- oder Bootsobmann auf dem Rhein bestimmen die Vereine selbstständig. Die von Schiffsverkehr und Wind erzeugten Wellen auf dem Rhein lassen nur die Nutzung breiterer Bootsklassen zu; wer Rennboote vorzieht, ist auf die Häfen oder spezielle Regattastrecken wie den Fühlinger See im Kölner Norden angewiesen. Auf dem Strom wird dagegen entspanntes Freizeit- und Wanderrudern betrieben. Dies kann sich auch zu mehrtägigen Wanderfahrten ausdehnen.
Als Wassersportler lernt man den Fluss besonders intensiv kennen: seine je nach Wasserstand unterschiedlichen Ufer- und Strömungsverhältnisse, die Regulierungsmaßnahmen wie Kribben und Uferbefestigungen und natürlich die „großen Kähne", die langsam zu Berg, also gegen den Strom, und viel schneller zu Tal fahren. Die Ufer teilt man sich – nicht immer harmonisch – mit der in den vergangenen Jahren stark gewachsenen Zahl der Sportangler.
Eine besondere Herausforderung bilden „Engstellen" wie vor der Kölner Innenstadt, wo an- und ablegende Schiffe, kreuzende Wellen und Brückenpfeiler zu beachten sind. Geeignete Stege sind zumindest für Ruderboote nicht allzu häufig; ersatzweise muss im flachen Wasser am Kies- oder Sandstrand angelegt werden.

Wassersport und Berufsschifffahrt nutzen den Strom gemeinsam.

der Kirchstraße befindet sich ein hydraulisches Hubtor. Für die jüngsten Hochwasserschutzmaßnahmen stellten die teilweise mit eigenen hohen Mauern nah an den Strom gerückten Rodenkirchener Bauten eine besondere Herausforderung dar. Um eine durchgehend sichere Schutzwand zu erreichen, mussten ältere Mauern ersetzt, stabilisiert und ergänzt werden.
Die Gaststätte „Fährhaus" erinnert an die frühere Fährverbindung zur gegenüberliegenden Westhovener Aue, wo sich unweit der rechtsrheinischen Brückenrampe das „Poller Fischerhaus" erhalten hat.

Alt St. Maternus

Wenige Schritte weiter gelangen Sie zu der im Zentrum des Rodenkirchener Rheinpanoramas gelegenen Kirche Alt St. Maternus, auch „Kapellchen" genannt, die wohl auf eine frühchristliche Gründung zurückgeht. In einer Legende wird die Entstehung mit dem ersten Kölner Bischof Maternus aus dem 4. Jahrhundert in Verbindung gebracht: Da dieser zugleich Bischof von Tongern, Köln und Trier war, stritten sich die Städte nach seinem Tod darüber, wo er bestattet werden sollte. Man entschied sich für ein Gottesurteil, indem man den Leichnam in Köln in einen Kahn legte. Entgegen aller Physik schwamm dieser flussaufwärts. Also bekam Trier das Begräbnis, und die Kölner sollen an dem Ort, wo der Kahn an Land trieb, eine Kapelle errichtet haben, wo auch die Eingeweide des Heiligen begraben wurden. Der Ort erhielt den

Das hydraulische Hochwassertor an der Kirchstraße in Rodenkirchen

Maternus-Statue am Chor des „Kapellchens"

Namen „Ruwenkirch" nach *Ruwen* im Sinne von Trauer um einen Toten. Das ältere Schiff und die halbrunde Apsis des kleinen, schlicht gehaltenen Baus sollen auf das 10. Jahrhundert zurückgehen; wohl im 14. Jahrhundert wurde ein Seitenschiff angebaut, im 17. Jahrhundert der niedrige Turm mit anschließender Küsterwohnung. In einer Nische an der Ostseite der Kirche steht eine moderne Skulptur des heiligen Maternus, der als Schutzpatron der Schiffer, Fürsprecher und Helfer in Wassernöten in Gestalt eines Steuermanns dargestellt ist. Schon im Mittelalter sollen von der Maternuskirche ausgehend Schiffsprozessionen stattgefunden haben, um die immer wieder auftretenden Hochwasser abzuwenden. Das unter der Skulptur angebrachte Wappen des Ortes zeigt – als Hinweis auf die Grenzlage zwischen dem Kurfürstentum Köln und dem Herzogtum Berg – die Symbole Petrischlüssel und Bergischer Löwe, getrennt durch einen Anker.

Villenviertel

Südöstlich des alten Rodenkirchener Ortskerns („Fischerviertel") weitet sich das Ufergelände; die hier etwa ab dem Ersten Weltkrieg einsetzende Villenbebauung beginnt hinter einer Uferstraße und liegt im früheren Auenbereich. Teilweise wurde dies bereits beim Bau berücksichtigt, etwa bei dem Ensemble von Bauhaus-Villen, die um 1930 entstanden, einige davon für Dozenten der Kölner Werkschulen. Theodor Merrill schuf das Haus für den bekannten Grafiker Richard Seewald (Uferstraße 11), Josef Op Gen Oorth das Haus Hillebrand (Walter-Rathenau-Straße 27). Von Hans Schumacher stammen vier Häuser: Im Park Nr. 2 (Haus Hussmann), Nr. 6 (Haus Nacken) und Nr. 8 (Haus Loosen) sowie der Bau Walter-Rathenau-Str. 29 (Haus Rosenberg). Mit ihrer auch von Schiffsarchitektur inspirierten Gestaltung, etwa Dachterrassen und auskra-

Alt St. Maternus und das wenige Meter entfernt liegende historische Gasthaus „Zum Treppchen" markieren den Mittelpunkt Rodenkirchens.

Wasserstand und Hochwasserschutz

Der Wasserstand des Rheins ist abhängig von dem seiner Zuflüsse und zumindest teilweise jahreszeitlich bedingt. Jahrhundertelang boten Hochwasser dem Fluss Gelegenheit, sein Bett zu verlagern, indem niedrige Barrieren durchbrochen und in kurzer Zeit neue Rinnen geschaffen wurden. Verband sich Hochwasser mit Eisbarrieren, so konnten besondere Überschwemmungen entstehen. Im Jahre 1784 hielt eine Eisbarriere das Wasser so lange zurück, bis sich beim Bruch eine Flut von etwa 13,50 Meter Höhe bildete. Sie durchströmte rückwärtige niedrige Bereiche und zerstörte unter anderem fast die halbe Bebauung Mülheims.

Das Pumpwerk in Bayenthal leuchtet nachts je nach Wasserstand des Rheins in verschiedenen Farben – von Blau (Normalpegel) über Grün und Gelb bis Rot (Hochwasser).

Das Gefälle des Rheins liegt in Köln bei circa 0,2 Promille. Damit ist der Rheinspiegel an der nördlichen Stadtgrenze in Worringen 8 Meter tiefer als an der südlichen in Godorf. Der Wasserstand beträgt durchschnittlich 3,48 Meter K.P. (Kölner Pegel) und wird als Mittelwasser bezeichnet (statistischer 10-Jahres-Mittelwert aller Wasserstände). Der niedrigste Wasserstand wurde in Köln am 29. September 2003 bei 0,80 Meter gemessen, der höchste im Jahre 1784 bei 13,55 Meter. Die „Jahrhunderthochwasser" in den Jahren 1926, 1993 und 1995 übertrafen jeweils die Marke von 10 Meter.

Erreicht der Wasserstand eine Höhe von 7,50 Meter, wird (je nach Steigungsrate) eine Hochwasserschutzzentrale eingerichtet. Die extremen Hochwasser von 1993 und 1995, aber auch das Elbehochwasser von 2002, bei dem ungedeckte Schäden in Milliardenhöhe entstanden, waren Anlass für das Land NRW, den Hochwasserschutz gesetzlich zu regeln; schon 1996 hatte die Stadt Köln ein Schutzkonzept verabschiedet. Mit Förderung des Landes werden die Schutzmauern und Deiche für eine Maximalhöhe von 11,90 Meter ausgebaut; mit den Worten des zuständigen Dezernenten Hubertus Oelmann ein „weltweit einzigartiges Großprojekt". Allein im Kölner Rheinabschnitt mit 60 Kilometer Uferlänge werden dafür 400 Millionen Euro in Schutzbauten und Pumpwerke investiert. Letztere sollen bei Hochwasser einen Rückstau der Abwässer verhindern, indem diese aus den Kanälen auf Flussniveau hochgepumpt werden. Die Pumpwerke sind teilweise prominent gelegen und architektonisch sehr ambitioniert gestaltet.

Der Hochwasserschutz ist zum Teil ortsfest, wobei besonders auch auf Gefahren wie Unterspülung oder Durchfeuchtung von Mauern und Deichen geachtet wurde, zum Teil können bei Bedarf mobile Schutzwände aufgebaut werden. Ein „HochwasserKompetenzCentrum" soll die ver-

Hochwasserschutzmauer in Rodenkirchen mit Sicherheitsverschlüssen

schiedenen Akteure und Initiativen zusammenführen und lokale Interessen miteinander in Einklang bringen. Während die „Deichaufsicht" in Händen der Bezirksregierungen liegt, sind etwa in Köln die Stadtentwässerungsbetriebe (STEB) für den Hochwasserschutz zuständig. Gleichzeitig mit den Schutzmaßnahmen wurde auch die Hochwasserlinie, das heißt die Grenze des Überschwemmungsbereichs, festgelegt. Innerhalb dieses Bereichs sollen keine neuen Bauten mehr entstehen; existierende haben allerdings Bestandsschutz.

Neben dem lokalen Hochwasserschutz spielen aber auch die Projekte für Auffangmaßnahmen am Oberrhein und den Nebenflüssen eine wichtige Rolle, weil durch Versiegelung und Abdeichung der Rheinauen viel Überschwemmungsfläche verloren ging und erhöhte Wasserzufuhr von den Nebenflüssen das Hochwasser zusätzlich verstärkt. Die Vorhersage von Hochwassern ist durch die Vielzahl von Einflussfaktoren sehr schwierig.

Für die Schifffahrt stellen Hoch- und Niedrigwasser gleichermaßen ein Problem dar. Ab Hochwassermarke 1 (6,20 Meter) muss die Fahrtgeschwindigkeit gedrosselt werden, um Uferschäden zu vermeiden. Ab einem Niedrigwasserstand von 1,50 Meter ist aufgrund der bis zu dieser Tiefe garantierten Mindestfahrtrinne dagegen keine volle Beladung mehr möglich.

Im Laufe eines Jahres bewegt sich der Wasserstand mehrfach um einige Meter; dies führt in vielen Uferbereichen zu ständig veränderten Situationen. Hierin besteht ein großer Unterschied des Rheins zu Kanälen, Seen und gestauten und somit wasserstandsregulierten Gewässern. Andere Flüsse wie etwa die Elbe weisen, außer in Hochwasserzeiten, eine erheblich geringere Tiefe auf. Als Folge des weltweiten Klimawandels werden für den Rhein in Zukunft stärker schwankende Wasserstände erwartet, insbesondere auch extremere Hoch- und Niederwasserstände.

Jahrhunderthochwasser 1993: In der Kölner Altstadt ist „Land unter".

genden Balkonen, schlagen die Gebäude eine Brücke von der ortsfesten Architektur zur beweglich-dynamischen Welt der Schifffahrt. Ein Ausläufer des Grüngürtels grenzt das Gebiet nach Südosten ab. Auf dieser Höhe wechselt der Leinpfad übrigens auf die andere Rheinseite.

„Kölsche Riviera“ und Weißer Bogen

Der Schlusspunkt unserer Erlebnistour, das flache, sandige Ufer zwischen Kribben, erlaubt sommerliches Strandleben; so ist dieser Bereich seit dem frühen 20. Jahrhundert als „Kölsche Riviera“ bekannt. Ein Campingplatz, Gaststätten und Kanuclubs folgen, bis das Ufer in die weite Schleife des Weißer Bogens übergeht, auf dessen (rechtsrheinischem) Prallhang sich bereits das Porzer Zentrum befindet. Möchten Sie den Weg – etwa per Fahrrad – weiter fortsetzen, dann gelangen Sie durch den Auenwald des Weißer Bogens, der als Rast- und Überwinterungsplatz für Zugvögel, aber auch als Gewinnungsgebiet für Rheinwasserfiltrat von besonderer Bedeutung ist, nach Weiß. Hier ermöglicht eine private Personenfähre das Übersetzen zur Zündorfer „Groov“ (siehe S. 86). Empfehlenswert ist aber auch eine Fortsetzung der Tour auf der linken Rheinseite nach Sürth, wo sich unter anderem das südlichste Kölner Bootshaus zur Einkehr anbietet.

Sandstrände an der Kölschen Riviera in Rodenkirchen

Bauhausvillen am Rheinufer

TOURISMUSINFORMATION

KölnTourismus GmbH
Kardinal-Höffner-Platz 1
50667 Köln
Tel. 0221 / 221-304 00
www.koelntourismus.de

Privates **Internetportal** zum Stadtbezirk **Rodenkirchen**:
www.rodenkirchen.de

Informationen zum **Hochwasserschutz** und zu den aktuellen **Pegelständen** des Rheins erhalten Sie unter:
www.hkc-koeln.de
www.hochwasser-rlp.de
www.steb-koeln.de

UNTERWEGS

Schiffstouren
Rundfahrten Hohenzollernbrücke–Rheinauhafen–Rodenkirchen im Sommer etwa halbstündlich, Anleger in Rodenkirchen auf Höhe Kirchstraße
www.koelntourist.net

EINKEHREN

Zum Treppchen
Kirchstr. 15
50996 Köln-Rodenkirchen
Tel. 0221 / 39 21 79
Täglich 10–24 Uhr

Restaurant Fährhaus
Steinstr. 1
50996 Köln-Rodenkirchen
Tel. 0221 / 935 99 69
www.faehrhauskoeln.de
Mo–Fr 11–1 Uhr,
Sa, So und feiertags 10–1 Uhr

Bunt beflaggt: Rundfahrtboot zwischen Hohenzollernbrücke und Rodenkirchen

Das Bootshaus „Albatros" vor der Rodenkirchener Autobahnbrücke

Restaurant Bootshaus „Albatros"
Rodenkirchener Leinpfad
50996 Köln-Rodenkirchen
Tel. 0221 / 350 85 89
www.bootshaus-albatros.de
Apr.–Okt. Mo–Fr 12–23 Uhr,
Sa, So 11–23 Uhr
Nov.–März: Di–Fr 14–23 Uhr,
Sa, So 12–23 Uhr

Restaurant Bootshaus „Alte Liebe"
Rodenkirchener Leinpfad
50996 Köln-Rodenkirchen
Tel. 0221 / 39 23 61
www.bootshaus-alte-liebe.de
Täglich ab 11 Uhr; im Winter Di–Fr ab 12 Uhr, Sa, So ab 11 Uhr, Montag Ruhetag

Sürther Bootshaus
Sürther Leinpfad
50999 Köln-Sürth
Tel. 02236 / 697 03
www.suertherbootshaus.de
Mo–Do 12–21.30 Uhr, Fr und Sa 12–23 Uhr, So 10–21.30 Uhr

AKTIV DABEI

Kanu Club Grün-Gelb Köln e. V.
Uferstr. 81
50996 Köln-Rodenkirchen
Tel. 0221 / 39 24 32
www.kcg.de

Kölner Club für Wassersport e. V.
(Ruderclub)
Oberländer Ufer
50968 Köln
Tel. 0221 / 937 82 52
www.kcfw.de

Kölner Ruderverein von 1877 e. V.
Barbarastr. 47–49
50996 Köln-Rodenkirchen
Tel. 0221 / 39 29 86
www.krv1877.de

LESETIPP

Rheinflut. Der Kölner Hochwasserschutz.
Mit Begleitheft Kölner Hochwasserschutz „erfahren". Von Hubertus Oelmann. Bachem Verlag, 2008

Bei gutem Wetter doppelt schön: eine Rheintour

KD Köln-Düsseldo
T

Erlebnisraum Kölner Stadtzentrum

Ein ausgedehnter, etwa eineinhalb- bis zweistündiger Spaziergang verknüpft linkes und rechtes Rheinufer zwischen Südbrücke und Zoobrücke. Er führt Sie vom Südende des Rheinauhafens zur Altstadt, dort über den Rhein (per Fähre oder zu Fuß über die Hohenzollernbrücke), zur Alten Messe und zum Rheinpark. Mit der Revitalisierung des Rheinauhafens, der Gestaltung des „Rheinboulevards" und dem Umbau der Messe zum Büro- und Medienstandort stehen zentrale innerstädtische Entwicklungsprojekte im Fokus dieses Erlebnisraums. Aber auch historische Sehenswürdigkeiten kommen nicht zu kurz, wie die alten Hafengebäude, die Schifferkirche St. Maria in Lyskirchen oder das ehemalige Fischkaufhaus neben Groß St. Martin.

Anfahrt:

ÖPNV: Südbrücke und Rheinauhafen können Sie per Stadtbahnlinie 16 (Schönhauser Straße) und 15 (Ubierring) erreichen. Alte Messe und Rheinpark sind über den Deutzer Bahnhof erschlossen, der auch eine U-Bahn-Station besitzt. Wer den Rhein mit der Seilbahn überquert, hat am Zoo direkten Anschluss an die Stadtbahn (Haltestelle Zoo/Flora).

Schiff: Rundfahrtboote mit den Endzielen Mülheim und Rodenkirchen sind unterhalb der Hohenzollernbrücke stationiert. Bei den Touren Richtung Rodenkirchen kann auch am Sport- und Olympiamuseum im Rheinauhafen aus- und eingestiegen werden; die Schiffe nach Mülheim stoppen an Zoo/Flora.

Auto: Über die Rheinuferstraße; die Tiefgarage unter der gesamten Länge des Rheinauhafens besitzt mehrere Zufahrten. An der Südbrücke finden sich Parkplätze vor allem im Bereich der Alten Universität. Rechtsrheinisch liegt ein größerer Parkplatz unter der Zoobrücke.

An der Kölner Rheinfront hat auch die Köln-Düsseldorfer ihren Sitz.

Hochwassermauer am Deutzer Rheinufer

Neusser Str.
Str.
Seilbahn
Zoobrücke
B 9
B 51
Riehler Str.
Ebert-pl.
Theodor-Heuss-Ring
Hansaring
B 55a
Rheinpark
Konrad-Adenauer-Ufer
Rhein
Köln Hauptbahnhof
Fähre
Alte Messe
Messe
Hohenzollern-brücke
Bahnhof Köln Messe/Deutz
Dom
KölnTriangle
Groß St. Martin
Rheingarten
Projektraum: Rheinboulevard Köln
Hohe Str.
Oper
Fischmarkt
Kölner Pegel
Deutzer Brücke
Deutz
Cäcilien-str.
Nord-Süd-Fahrt
Am Leystapel
St. Maria in Lyskirchen
Malakoffturm
Schokoladenmuseum
Sport- und Olympiamuseum
Severinsbrücke
B 55
Deutzer Ring
Perlengraben
Ulrichgasse
Bayenstr.
Bayenturm
Rheinau-hafen
Deutzer Hafen
Sachsen-ring
Chlodwig-platz
Karolinger-ring
Ubierring
N
Roland-str.
Bonner Str.
0
250
m
Südbrücke
Start

Von der Südbrücke zur Zoobrücke

Mitten durch das Zentrum der Großstadt **Köln (Bd. 4)** führt der Rhein etwa zwischen Stromkilometer 687 und 689. Durch die Brücken werden die beiden Ufer in kurzen Abständen miteinander verbunden. Während der Strom meist zumindest auf einer Seite Platz zum Ausdehnen hat, wird er hier auf beiden Seiten unverrückbar in sein Bett gezwängt. Doch unterhalb der Hohenzollernbrücke trifft er bald wieder auf Freiräume. Vor allem in den letzten hundert Jahren hat sich das Uferbild intensiv gewandelt, und dieser Wandel ist noch nicht abgeschlossen.

Der historische Schwerlastkran „Herkules" blieb als Denkmal im Rheinauhafen erhalten.

Der Rheinauhafen – spektakuläre Architektur am Strom

Wie zahlreiche andere alte Handelshäfen verlor auch der 1898 eröffnete Rheinauhafen spätestens seit Aufkommen der Schubschifffahrt und der Container in den 1970er Jahren seine Brauchbarkeit. Seine Lage bot keine Erweiterungsmöglichkeiten, und der Transportbetrieb belastete die innerstädtischen Verkehrsachsen und die angrenzenden Wohnviertel, deren Aufwertung dringend geboten schien und mit dem Wegzug der Firma Stollwerck in Angriff genommen wurde.
Der Rat der Stadt Köln beschloss deshalb eine grundsätzliche Neuordnung des zentralen Rheinuferbereichs, zu der auch die „Entwidmung" des Rheinauhafens und seine Umnutzung als neues innerstädtisches Quartier gehörten. Die Weichen dafür wurden bereits um 1970 gestellt; aber erst nach dem Auslaufen langfristiger Mietverträge konnte Anfang der 1990er Jahre mit einer Neuplanung begonnen werden. In einem städtebaulichen Wettbewerb wurde der Vorschlag des Hamburger Büros BRT – Bothe, Richter, Teherani ausgewählt, der eine „Nachverdichtung" orientiert am Schema der vorhandenen, zu erhaltenden Lagerhäuser des Zollhafens vorsah. Bügelförmige Hochhäuser sollten die Halbinsel zwischen Strom und Hafenbecken überspannen. Daraus entstanden unter Mitwirkung weiterer Entwerfer die heutigen winkelförmigen „Kranhäuser". Vorgesehen war auch die Nutzung des Hafens als Erholungsfläche für das

Die Agrippinawerft in den 1930er Jahren, aufgenommen von August Sander

benachbarte Severinsviertel sowie die Ansiedlung einer größeren Zahl von Museen und anderen öffentlichen Kultureinrichtungen.
Zwischen dem Wettbewerb und dem Baubeginn Ende der 1990er lag jedoch eine außerordentlich lange „Atempause", in der die Gewichtungen erheblich verschoben wurden. Flaggschiff wurde nun das mit viel Mut und großem technischem Aufwand – vor allem für den Hochwasserschutz – zu Wohnungen und Büros umgenutzte Lagerhaus „Siebengebirge". Gehobene Wohnnutzung wurde dadurch nun viel stärker umgesetzt als eigentlich geplant. Durch die Neubebauung wurden die historischen Gebäude in ein völlig neues Umfeld mit Bauten ganz anderer Dimension gerückt. Man fühlt sich unversehens in die Liga einer Berliner Mitte oder Hamburger „Hafencity" versetzt.
Im Jahre 2010 ist die Neubebauung und Gestaltung des Rheinauhafen-Geländes weitgehend abgeschlossen. Einige Punkte aber muss die Zukunft klären: Ist die Nutzung als „Sporthafen" befriedigend, oder kann nicht im Hafenbecken ein wenig mehr Leben einkehren? Gleiches gilt für die bisher recht sterile Atmosphäre der neu geschaffenen Straßen und Plätze. Während das lang gestreckte Gelände mit einer durchgehenden Tiefgarage auch unterirdisch erschlossen ist, ist die Erreichbarkeit mit öffentlichen Verkehrsmitteln im Nordteil nur durch Busse gegeben; im Süden besteht Anschluss an den Neustadtring. 2008 erhielt der Hafen unterhalb des Sport- und Olympiamuseums einen Anleger für die Rundfahrtschiffe, die weiter nach Rodenkirchen fahren – vielleicht entsteht daraus einmal ein regelmäßiger Rundverkehr zu Wasser.

Die Kranhäuser sind die städtebauliche Dominante des Rheinauhafens.

Das Hafenamt ist heute Sitz der Häfen und Güterverkehr Köln AG (HGK).

Südbrücke und Rheinauhafen

Unsere Tour beginnt mit einigen Schritten auf der Südbrücke, von wo sich ein guter Blick auf das neu gestaltete Rheinauhafen-Gelände und die Kölner Rheinfront bietet. Die 1906–1910 errichtete Brücke, eine zweigleisige Eisenbahnbrücke, diente vor allem dazu, den Güterverkehr um den Kölner Hauptbahnhof herumzuführen, und verband ausgedehnte Güterbahnhöfe links (Eifeltor) und rechts des Rheins (Gremberg, Kalk). Die noch in großen Teilen erhaltene Brückenarchitektur in rotem Sandstein weist eine Vielzahl von Bildhauerarbeiten auf, darunter linksrheinisch eine symbolische Darstellung der Versöhnung der beiden Rheinseiten.

Am Rheinufer entlang führt unser Weg nun in nördliche Richtung. Mit dem Agrippinawerft beginnt der südliche Teil des Rheinauhafens, dessen Höhepunkt das historische, heute zu Wohnungen umgebaute „Danziger Lagerhaus" („Siebengebirge") ist. Vor Einsetzen der Bebauung stehen zwei historische Kräne, darunter der drehbare „Herkules", ein ursprünglich mit Dampf betriebener Schwerlastkran, der 1897 von der renommierten Firma Stuckenbrock aus Wetter an der Ruhr gebaut wurde. Die erhebliche Aufschüttung des Ufers – teilweise ausgeglichen durch Abgrabungen an den gegenüberliegenden Poller Wiesen – belegt die heutige Lage des ursprünglich direkt am Ufer stehenden Bayenturms, über Jahrhunderte das erste markante Bauwerk der Stadt, das die stromabwärts fahrenden Schiffer und Reisenden aus der Nähe sahen. Nach weitgehendem Neubau beherbergt er das Feministische Archiv.

Einige Neubaublocks weiter beginnt der ältere Teil des Rheinauhafens. Nach einem Vorgänger aus der Mitte des 19. Jahrhunderts im Jahre 1898 in der heutigen Form fertiggestellt, gehört er zu den historisch und architektonisch bedeutendsten Hafenanlagen am Rhein. Während

Beim Umbau des „Danziger Lagerhauses" zu Wohnungen und Büros blieb die charakteristische Silhouette erhalten.

sich am Südende des Hafenbeckens das städtische Hafenamt, Krafthaus und Lokschuppen erhalten haben, wird die sogenannte Rheinau-Halbinsel von staatlichen Bauten, den drei großen Zolllagerhallen sowie dem ehemaligen Steueramt, eingenommen. Die einheitlich gestalteten Zolllagerhäuser wurden zum Sport- und Olympiamuseum sowie zu Wohnungen umgenutzt. Dazwischen ragen die „Kranhäuser" auf, die trotz Anspielung auf hafentypische Bauten dem Areal einen neuen Maßstab aufprägen. Die Molenspitze mit dem zum Schokoladenmuseum umgebauten Steueramt, das im Krieg stark beschädigt wurde, ist durch eine Drehbrücke mit dem Ufer verbunden; hier befindet sich auch der noch zur älteren Hafenbefestigung gehörende Malakoffturm. Der „Tauzieher" des in Köln geborenen Bildhauers Nikolaus Friedrich wurde 1911 als Spende Kölner Kunstfreunde aufgestellt.

St. Maria in Lyskirchen

Wenn Sie nun in Verlängerung der Drehbrücke die Rheinuferstraße überqueren und ein kurzes Stück weiter nach rechts in die Straße „An Lyskirchen" einbiegen, gelangen Sie zum Westportal einer der zwölf großen romanischen Altstadtkirchen von Köln. Die „Schifferkirche" St. Maria in Lyskirchen weist als historische Pfarrkirche des Viertels eine Vielzahl von Bezügen zum Rhein auf. An der Westfront sind historische Wasserstände verzeichnet, insbesondere das Hochwasser von 1784 auf dem Türsturz des romanischen Portals, das die gesamte Ausstattung der Kirche vernichtete. Weniger auffällig ist eine mittelalterliche Hochwassermarke

Die „Schiffermadonna" von St. Maria in Lyskirchen

am rechten Seitengewände des Portals, wohl eine der ältesten ihrer Art. Die um 1400 entstandene, aber erst um 1800 aus dem Kloster Walberberg nach Köln gekommene „Schiffermadonna“ stand zunächst in einer Nische an der Rheinfront der Kirche; später wurde sie ins Innere unter die nördliche Emporentreppe an der Westwand versetzt. Peter Hecker schuf 1938 eine Hintergrundmalerei: Vor einem Segel stehend, wird die Gottesmutter von Schiffern verehrt; im Hintergrund sind verschiedene Schiffe und die Kirche selbst zu sehen. Die in der Barockzeit erneuerte Apsis enthält einen modernen Glasgemäldezyklus, der neben Maria im linken Fenster den legendären Kirchengründer Maternus als ersten Kölner Bischof und im rechten Fenster den Mitpatron und Schifferheiligen Nikolaus zeigt – wiederum begleitet von Rheinschifferszenen. Die unvollendete Doppelturm-Chorfassade leitet die Reihe der dem Rhein zugewandten, in der Stadtansicht dominierenden Kirchen ein, zu denen insbesondere Groß St. Martin mit seinem riesigen Vierungsturm und die Kirche St. Kunibert zählen.

Altstadtfront und Rheingarten

Über die Gassen An Lyskirchen, Auf Rheinberg, Rheingasse und Börsengasse erreichen Sie zwischen Handwerkskammer und Brauhaus „Malzmühle“ die Südseite des Heumarkts. Nun geht es wieder zur Rheinpromenade herunter und stromab unter der Deutzer Brücke hindurch. Hier und entlang der ganzen Altstadt erinnern Straßennamen wie Holzmarkt, Leystapel, Salzgasse und Frankenwerft an die Funktion der gesamten Rheinuferstrecke als Umschlagplatz. Direkt unterhalb der Deutzer Brücke steht der Rundturm des Kölner Pegels; etwa auf dieser Höhe befand sich seit 1822 die in die gegenüberliegende Deutzer Freiheit einmündende Schiffsbrücke. Neben dem Brückenkopf bieten

Die unvollendete und mehrfach umgebaute Ostfassade der Pfarrkirche St. Maria in Lyskirchen erhebt sich über der alten Rheinmauer.

Schautafeln Grundinformationen über das Zustandekommen von Hochwassern. Ihnen zugeordnet sind die an mehreren Stellen entlang des Rheins angebrachten Informationstafeln.
Sie durchqueren nun den Rheingarten, der auf dem Deckel des Rheinufertunnels angelegt ist, und erreichen bei Groß St. Martin den Fischmarkt. Das sogenannte „Stapelhaus“ neben Groß St. Martin, ehemals Fischkaufhaus und heute „Haus des Handwerks“, erinnert an das 1259 bestätigte, jahrhundertelang gültige einträgliche Stapelrecht der Stadt, das vorbeiziehende Schiffer zum dreitägigen Angebot ihrer Waren zwang. Der im Zuge des Rheinufertunnels und Rheingartens 1986 entstandene Brunnen unterhalb des heutigen Museum Ludwig lässt sich mit seinen Wasserläufen und „architektonischen“ Bronzeplastiken als abstrahiertes Modell des Rheinlaufs verstehen; einzelne, teils plastisch verzierte Qua-

Der Pegelturm neben der Deutzer Brücke

Von der Pilgerreise zur Flusskreuzfahrt – Reisen auf dem Rhein

Bis zum späten 18. Jahrhundert wurden Reisende auf dem Rhein als Einzelpassagiere auf Handelsschiffen, mitunter sogar auf Flößen mitgenommen, meist stromabwärts. Neben Kaufleuten waren sicherlich auch zahlreiche Pilger dabei – nicht immer so zahlreich wie die heilige Ursula und ihre legendären elftausend Gefährtinnen, deren (Heim-)Reise aus Rom so jäh in Köln endete.

Eine Reise zwischen Köln und Mainz dauerte rheinauf drei bis vier Tage, flussabwärts zwei bis drei Tage, wobei an Land übernachtet wurde. Am Ende des Mittelalters bildete sich mit der sogenannten „Börtschifffahrt" ein System regelmäßiger Verbindungen von Ort zu Ort zwecks Beförderung von Personen und kleineren Warenmengen. Um 1800 kam es dann zur Einrichtung von „Wasserdiligencen" in Parallele zum Postverkehr. Wesentlicher Hintergrund für den Passagierverkehr war der Messebesuch, etwa in Frankfurt oder Straßburg.

Die einsetzende Dampfschifffahrt diente zunächst diesem Schnellverkehr für Personen und Eilgut. Nachdem 1816/17 die ersten Dampfschiffe zwischen Köln und Bonn aufgetaucht waren, bildeten sich die ersten Dampfschifffahrtsgesellschaften, etwa die 1825 gegründete Preußisch-Rheinische Dampfschifffahrtsgesellschaft, eine der Vorläufergesellschaften der

Titelseite eines KD-Fahrplans von 1894

heutigen „Köln-Düsseldorfer", sowie weitere Unternehmen am Oberrhein, so dass bis circa 1840 ein durchgehender Verkehr bis Basel möglich wurde.

Es sollte nur wenige Jahrzehnte dauern, bis der Bau der Eisenbahn entlang des Rheins ab Mitte des 19. Jahrhunderts der Passagierschifffahrt Konkurrenz zu machen begann. Der schon zuvor – mit Ausgangspunkt Köln – einsetzende touristische Reiseverkehr als Teil der Rheinromantik bildete nun den größten Teil des Personenverkehrs auf dem Rhein (siehe S. 26). Vor allem bei englischen Touristen standen die Schönheiten des Rheintals hoch im Kurs. 1853 kam es deshalb zum Zusammenschluss der Kölner und Düsseldorfer Reederei.

Mit den um 1870 einsetzenden „Schnelldampfern" reagierten die Reedereien auf die Konkurrenz der Eisenbahn; bis zum Ersten Weltkrieg wurden zwar noch kombinierte Eilgut- und Passagierschiffe gebaut, aber später zu reinen Ausflugsschiffen umgerüstet. Statt Kabinenschiffen wurden nun überwiegend Salondampfer für den Tages- und Sommerverkehr eingesetzt. Es entwickelte sich die bis heute vorhandene Infrastruktur des individuellen Tages- und Erholungsbetriebes, die nach ihrer letzten Blüte in der Wirtschaftswunderzeit nun durch Flusskreuzfahrten eine Erneuerung und Ergänzung erfährt. Reedereieigene Anleger und die an den Uferpromenaden zu findenden Fahrscheinverkaufs- und Wartepavillons gehören zu den sichtbaren Zeugen des Rheintourismus.

In kleinerem Maßstab spielte der Passagierverkehr zwischen den Hafenorten am Rhein noch bis ins frühe 20. Jahrhundert eine ökonomische Rolle, etwa mit dem legendären „Müllemer Böötchen", bis auch hier andere, schnellere und bequemere Verkehrsmittel wie die Rheinuferbahn und der Individualverkehr Alternativen schufen.

„Martyrium der heiligen Ursula vor der Stadt Köln", Gemälde des Meisters der Kleinen Passion, um 1411 (Ausschnitt)

der von einer abgebrochenen Auffahrt der Hohenzollernbrücke sind ebenfalls integriert. Die Plastiken sind das Werk des schottischen Künstlers Sir Eduardo Paolozzi, der von 1977 bis 1981 Professor an der Fachhochschule Köln war; der Brunnen wird deshalb auch „Paolozzi-Brunnen“ genannt.
Unterhalb der heutigen Hohenzollernbrücke ermöglicht eine Fähre das Übersetzen zur Messe; hier ist auch der Ausgangspunkt für Rundfahrten stromauf- und -abwärts, nach Rodenkirchen oder Mülheim. Auf gleicher Höhe befindet sich übrigens einer der wenigen Tunnel unter dem Rhein, durch den Versorgungsleitungen geführt werden. Auch auf der Hohenzollernbrücke können Sie den Rhein überqueren, ein barrierefreier Zugang ist von der Domplatte aus erreichbar. An der gegenüberliegenden Seite führt eine Rampe zum Deutzer Bahnhof hinunter, wo sich der Eingang zur Aussichtsplattform des Hochhauses KölnTriangle befindet.

Deutzer Rheinufer

Von der Brücke (oder Fähre) aus haben Sie einen guten Ausblick auf das Deutzer Rheinufer. Weil sich der Siedlungskern des alten, kurkölnischen Deutz in Höhe der Deutzer Brücke, auf Kölner Seite des Heumarktes, befand, konnten sich auf den nördlich davon gelegenen Freiräumen militärische und Eisenbahn-Anlagen ausbreiten. Vor dem Bau des Hyatt-Hotels und KölnTriangle befand sich auf diesem Gelände der Bahnhof der Köln-Mindener Eisenbahn. Den Platz des heutigen Landeshauses nahm die Kaserne der Deutzer Kürassiere ein, an die heute noch das Reiter-Ehrenmal an der Rheinpromenade erinnert. Außerdem war das Ufer – angesichts einer angenommenen Bedrohung von Westen – stark befestigt.

Brunnen von Eduardo Paolozzi im Rheingarten

Erst die Aufgabe der Deutzer Befestigung zu Beginn des 20. Jahrhunderts und dann die Entmilitarisierung in Folge des Ersten Weltkrieges ermöglichten eine großzügigere Gestaltung des Deutzer Uferbereichs. Viele ursprünglich in Rheinnähe zusammengedrängte Nutzungen konnten nach hinten, etwa in den Bereich des neuen Deutzer Bahnhofs, verlagert werden. Der Zweite Weltkrieg beseitigte letzte kleinteilige Strukturen, so dass – im Unterschied zu anderen Rheinorten – Deutz als Stadtteil heute weit vom Strom abgerückt ist. Im Rahmen der Regionale 2010 wird dieser rechtsrheinische Uferabschnitt als „Rheinboulevard" neu gestaltet.

Alte Messe und Rheinpark

Die breite Freitreppe am Ostende der Hohenzollernbrücke führt hinab auf das Niveau des alten Deutzer Rheinwerfts. Unter dem ersten Brückenbogen hindurch nach rechts gelangen Sie zur Rheinfront der Alten Messe und dem dahinter anschließenden Rheinpark. Während die sogenannten „Rheinhallen" der Messe 1928 anlässlich der Presse-Ausstellung ihre heutigen Fassaden sowie den Turm erhielten, geht die Form des Rheinparks auf die Bundesgartenschauen der Jahre 1957 und 1971 zurück. Damals wurde auch das Panoramalokal „Rheinterrassen" modernisiert und der Tanzbrunnen im Halbrund des bereits in den 1920er Jahren errichteten „Staatenhauses" angelegt.

Beliebtes Fotomotiv: das Kölner Altstadtpanorama vom Deutzer Ufer aus gesehen

Das Kürassierdenkmal erinnert an die einst in Deutz stationierten preußischen Soldaten.

Die Verlagerung der Messe auf das anschließende Areal zwischen Auenweg und Deutz-Mülheimer Straße machte den Weg frei zur Umnutzung der bisherigen „Rheinhallen“. Für den Umbau in einen Büro- und Studiokomplex blieben nur die Außenwände sowie Zentralturm und der schlanke Messeturm erhalten. Ab 2010 wird hier – neben anderen Mietern – der Sender RTL seinen Sitz haben.
Als Verbindung von Rheinpark und Zoo entstand – vor dem Bau der Zoobrücke – 1957 die Rheinseilbahn; in 28 Meter Höhe überquert sie auf gut 600 Meter Länge den Strom. Bis heute bietet sie die einzigartige Möglichkeit, die Rheinüberquerung mit einem spektakulären Blick auf die Kölner Innenstadt, aber auch rheinabwärts auf die Mülheimer Brücke zu verbinden.

Die Rheinseilbahn schwebt seit der Bundesgartenschau 1957 über den Fluss.

Die Kölner Rheinbrücken

Kölns erste Rheinbrücke entstand schon in der Antike – als Verbindung der linksrheinischen „Colonia“ mit dem Kastell Deutz. Ob sie nennenswerte wirtschaftliche Bedeutung hatte, bleibt ungewiss, wie auch viele Einzelheiten wie Bauzeit und Konstruktion umstritten sind; überliefert ist ein Brückenschlag Kaiser Konstantins im Jahre 310.

Über Jahrhunderte vermittelten Fähren zwischen den Ufern, bis die Preußen 1822 eine erste dauerhafte Schiffsbrücke bauen ließen. Seitdem wurden Vorschläge für eine Rheinbrücke häufiger, doch erst der Eisenbahnverkehr machte schließlich um 1855 an mehreren Stellen Brückenbauten über den Rhein möglich. Die Kölner Dombrücke war nach dem Vorbild der – englischen Mustern folgenden – Weichselbrücke von Dirschau in Ostpreußen eine Gitterkastenbrücke, von den Kölnern „Muus-

Im Kölner Stadtgebiet reihen sich die Rheinbrücken aneinander – hier Deutzer Brücke, Severinsbrücke, Südbrücke und Rodenkirchener Brücke.

fall" getauft. Bis zum Bau einer städtischen reinen Straßenbrücke anstelle der nun aufgegebenen Schiffsbrücke sollte es noch einmal über ein halbes Jahrhundert dauern. Inzwischen war im Süden eine zweite Eisenbahnbrücke entstanden, und die Dom- war durch die rundbogige Hohenzollernbrücke ersetzt worden.

Die Deutzer Brücke, als erste reine Straßenbrücke in Form einer versteiften Hängebrücke entworfen, wurde zwar wegen des Kriegs im Jahre 1915 ohne Spektakel eingeweiht, fand jedoch aufgrund ihrer elegant-funktionalen Gestaltung große Anerkennung in der Fachwelt. Die Mülheimer Brücke, schon 1914 bei der Eingemeindung Mülheims vertraglich vereinbart, aber nach den schwierigen Nachkriegsjahren erst 1927–29 gebaut, war eine konsequente Weiterentwicklung. Auch wenn hier verschiedenste Konstruktionen vorgeschlagen wurden, kam die von Oberbürgermeister Adenauer favorisierte und – so wird erzählt – mit allerhand politischen Tricks durchgesetzte materialsparende, den Strom ohne Flusspfeiler überwindende Hängekonstruktion zur Ausführung. Auf Adenauer geht übrigens auch der als „Kölner Brückengrün" bekannte spezielle Anstrich zurück.

Die letzte vor dem Krieg verwirklichte Brücke in Rodenkirchen, diesmal als Autobahnbrücke ein staatliches Projekt, war ebenfalls eine Hängebrücke. Der junge Fritz Leonhardt hatte als Ingenieur wesentlichen Anteil an Konstruktion und Errichtung; für die Gesamtgestaltung zeichnete das Büro Paul Bonatz in Stuttgart verantwortlich.

Alle Rheinbrücken wurden im Laufe des Zweiten Weltkrieges zerstört; wenn sie nicht durch Bombentreffer einstürzten, wurden sie spätestens im März 1945, bevor die Amerikaner das linke Rheinufer erreichten, von Pionieren unbrauchbar gemacht. Fähren und verschiedene Behelfsbrücken vermittelten zwischen den Stadtteilen, bis 1947/48 mit der Ho-

Die Kölner Schiffsbrücke existierte zwischen 1822 und 1915.

henzollernbrücke (Bahnteil) und der nun als Balkenbrücke gestalteten Deutzer Brücke die ersten dauerhaften Übergänge geschaffen werden konnten. Während die Eisenbahnbrücken weitgehend nach altem Vorbild wiederaufgebaut wurden, wählte man für die 1951 fertiggestellte Mülheimer Brücke eine nach Rodenkirchener Vorbild optimierte Form. Letztere wurde unter Verwendung der erhaltenen Pylone erst 1954 wiederhergestellt und in den 1990er Jahren erweitert.
Das schnelle Wachstum der Stadt, die Verknüpfung der rechts- und linksrheinischen Verkehrsströme und die Stadtentwicklung im rechtsrheinischen Teil verlangten aber nach weiteren leistungsfähigen Übergängen. Während die Severinsbrücke 1959 trotz erheblicher Anbindungsprobleme noch im Innenstadtbereich platziert wurde, wurde die Zoobrücke (1962–66) nahtloser in das Verkehrsnetz eingefügt. Im Rahmen des jüngst erstellten städtebaulichen Masterplans für Köln werden zusätzliche reine Fußgängerverbindungen vorgeschlagen; Handlungsbedarf wird vor allem zwischen Dom/Hauptbahnhof und Bahnhof Deutz/Messe parallel zur Hohenzollernbrücke gesehen.
Da die vorhandenen Brücken – mit Ausnahme der Eisenbahnbrücken – alle aus dem vergleichsweise kurzen Zeitraum zwischen 1948 und 1966 stammen, sind sie heute auch fast gleichzeitig sanierungsbedürftig; ein finanzieller und organisatorischer Kraftakt, der die Stadt und ihre Bürger in den nächsten Jahren verstärkt daran erinnern wird, dass die zahlreichen Brückenbauten nicht ganz so selbstverständlich sind, wie sie vielen heute scheinen.
Die Kölner Brücken bestimmen das Stadtbild erheblich und definieren auf weiten Strecken das Flussbild des Rheins. Bei Großveranstaltungen sind sie nicht nur begehrte Aussichtspunkte, sondern auch inszenierte Landmarken und Bühnen.

Die 1913–15 errichtete und 1945 zerstörte Deutzer Brücke galt als vorbildlich gestaltet.

Regionale 2010
Rheinboulevard Köln

Das Projekt „Rheinboulevard“ am Deutzer Rheinufer soll ein Gegenstück zum „Rheingarten“ werden, der in den 1980er Jahren auf dem Tunnel der ehemaligen Rheinuferstraße entstand und die Altstadt „an den Rhein“ brachte. Die steigende Aufmerksamkeit für das rechtsrheinische Innenstadtgebiet, die Erfahrung mit der Inszenierung des Rheins bei Veranstaltungen wie den „Kölner Lichtern“ sowie die notwendigen Hochwasserschutzarbeiten legten eine Neuplanung und Aufwertung der bislang ungestalteten Uferstrecke zwischen Rheinpark und Deutzer Hafen nahe. Auch die begünstigte Sonnenlage und die Aussicht auf die Altstadt spielten bei den Überlegungen eine Rolle.
Für die Realisierung wurde ein Projekt ausgewählt, das als zentrales Element eine neue, großräumige Treppenanlage vorsieht. Im Bereich der alten Messehallen entsteht ergänzend ein „Medienufer“, die Deutzer Werft wird zum Sport- und Freizeitbereich aufgewertet. Aus Gründen des Hochwasserschutzes wird aber eine „Schwelle“ zwischen Bebauung und Rhein bleiben. Bei Arbeiten für die Hochwassermauer wurde ein mächtiges, rundes Fundament freigelegt, das, aus römischer Zeit stammend, in preußischer Zeit erneut einen Befestigungsturm trug. Dieses Fundament soll in der neuen Treppe sichtbar bleiben.

Mit dem Rheinboulevard verbinden sich ambitionierte städtebauliche und kulturelle Ziele. Weil der rechtsrheinische Rheinboulevard mit dem linksrheinischen Stadtpanorama und dem Rheingarten korrespondiert, wird der Rhein zum Stadtraum und verbindet die beiden Stadthälften. Im September 2009 gab das Land die ersten Mittel für die Realisierung frei; im Jahr 2010 ist Baubeginn.

Wettbewerbsentwurf zur Freitreppe am Deutzer Ufer, die das Kernstück des Rheinboulevards wird

TOURISMUSINFORMATION

KölnTourismus GmbH
Kardinal-Höffner-Platz 1
50667 Köln
Tel. 0221 / 221-304 00
www.koelntourismus.de

Informationen zum Projekt **Rheinboulevard** der Regionale 2010 unter:
www.regionale2010.de
und in einem Ausstellungscontainer am Deutzer Rheinufer
(März – Okt. So 13–17 Uhr)

Informationen über den **Rheinauhafen** erhalten Sie unter:
www.rheinauhafen-koeln.de

Regelmäßige **Führungen** durch den Rheinauhafen bietet unter anderem Ana Maria Bermejo:
www.architektur-stadtfuehrung.de

Informationen zum aktuellen **Kölner Pegel** unter: www.steb-koeln.de/hochwasser.html

UNTERWEGS

Schiffstouren
Rundfahrten Hohenzollernbrücke–Schokoladenmuseum–Rodenkirchen:
www.koelntourist.net

Rundfahrten Hohenzollernbrücke–Schokoladenmuseum–Bayenturm–Mülheim–Zoo/Flora (Seilbahn):
www.dampfschiffahrt-colonia.de

Verschiedene Rundfahrten sowie Linienverkehr Köln–Bonn–Linz: www.k-d.com

Personenfähre Hohenzollernbrücke–Deutz
im Sommer an schönen Tagen und während Messezeiten

Kölner Rheinseilbahn
www.koelner-seilbahn.de
Anfang April – Anfang November, täglich 10–18 Uhr

Kleinbahn im Rheinpark
www.kleinbahn-im-rheinpark-koeln.de
Mitte März – Ende Oktober, wochentags 11–18 Uhr, So und feiertags 10–19 Uhr

St. Kunibert ist die nördlichste romanische Kirche an der Kölner Rheinfront.

HEREINGESCHAUT!

Schokoladenmuseum
Am Schokoladenmuseum 1a
50678 Köln
Tel. 0221 / 93 18 88-0
www.schokoladenmuseum.de
Di–Fr 10–18 Uhr,
Sa, So u. Feiertage 11–19 Uhr
Eintritt: Erw. 7,50 €,
verschiedene Ermäßigungen

Deutsches Sport- und Olympiamuseum
Im Zollhafen 1
50678 Köln
Tel. 0221 / 336 09-0
www.sportmuseum.info
Di–Fr 10–18 Uhr,
Sa, So u. Feiertage 11–19 Uhr
Eintritt: Erw. 6 €,
verschiedene Ermäßigungen

St. Maria in Lyskirchen
An Lyskirchen 10
50676 Köln
Tel. Pfarramt: 0221 / 21 17 13
www.lyskirchen.de
Täglich 9–18 Uhr

Rheinpark Köln
Auenweg 123–125
50679 Köln-Deutz
Präsentation im Rahmen der „Rheinperlen"
unter: www.rhein-perlen.de
Der Rheinpark ist frei zugänglich und ganzjährig geöffnet, regelmäßige Veranstaltungen am „Tanzbrunnen"

AUSSICHTSPUNKTE

Kölner Dom, Turmbesteigung
Domkloster 4 (rechte Seite Westportal)
www.koelner-dom.de
Nov.–Apr. 6–19.30 Uhr
Mai–Okt. 6–22 Uhr
Eintritt: Erw. 2,50 €, erm. 1 €

KölnTriangle (Deutz)
Ottoplatz 1
50679 Köln
Tel. 0221 / 82 73-30 38
www.koelntriangle.de
Okt.–Apr. Mo–Fr 12–18 Uhr, Sa, So und feiertags 10–18 Uhr, Mai–Sept. Mo–Fr 11–22 Uhr, Sa, So und feiertags 10–22 Uhr
Eintritt: Erw. 3 €; div. Ermäßigungen

Natürlich bietet auch die **Rheinseilbahn** (siehe oben) eine fantastische Aussicht.

Am romanischen Westportal von St. Maria in Lyskirchen findet sich eine Hochwassermarke vom verheerenden Eisgang des Jahres 1784.

EINKEHREN

Restaurant „Rheinterrassen" im Rheinpark
Rheinparkweg 1
50679 Köln-Deutz
Tel. 0221 / 65 00 43 21
Reservierungen: 0221 / 650 04 30
www.rhein-terrassen.de
Täglich 18–1 Uhr, So und feiertags 12–17 Uhr (Chill out breakfast). In den Wintermonaten Mo Ruhetag

l'Orange Cafe Bistro Restaurant
Restaurant im KölnTriangle (Erdgeschoss)
Ottoplatz 1
50679 Köln
Tel. 0221 / 39 09 38-120
www.l-orange-koeln.de
Mo–Fr 8–17.30 Uhr

WELLNESS

Claudius Therme Köln
Sachsenbergstr. 1
50679 Köln
Tel. 0221 / 981 44-0
www.claudiustherme.de
Täglich 9–24 Uhr

LESETIPPS

Der Rheinauhafen. Kölns neue In-Meile.
Von Ines Rakoczy und Czaba Peter Rakoczy. Bachem Verlag, 2008

Garten am Strom. Der Rheinpark in Köln.
Von Joachim Bauer, Dieter Klein-Meynen, Henriette Meynen. Bachem Verlag, 2007

Köln, der Rhein, das Meer. 2000 Jahre Kölner Schifffahrts- und Hafengeschichte. Von Carl Dietmar und Csaba Peter Rakoczy. Emons Verlag, 2002

Von der Plattform des KölnTriangle bietet sich eine eindrucksvolle Aussicht über das Kölner Stadtgebiet bis weit nach Westen.

MÜLHEIM

Erlebnisraum Mülheim und Stammheim

Durch den Mülheimer Hafen vom beliebten Rheinpark getrennt, dient der Hochuferabschnitt von Mülheim bis Stammheim vor allem der Naherholung. In den letzten Jahren – nach Abschluss der Hochwasserschutzarbeiten – ist dieser alte Leinpfad als Fuß- wie als Radfahrstrecke hervorragend ausgebaut worden.

Neben zahlreichen Beispielen des modernen „Wohnens am Strom" können Sie in Alt-Mülheim und Stammheim sehenswerte Ensembles entdecken, die selbst vielen Kölnern unbekannt sind. Der öffentliche Stammheimer Schlosspark ist seit einigen Jahren als Skulpturenpark wie als Natur- und Parkdenkmal aufgewertet worden und bezieht den Rhein ausdrücklich in seine Gestaltung mit ein. Da gastronomische Angebote am Rheinufer zwischen Mülheim und Stammheim fehlen, bietet sich der Park als Picknickplatz an.

Tipp: Besuchen Sie Mülheim am Fronleichnamstag und erleben Sie die traditionelle Schiffsprozession mit. Wenn Sie selber mitfahren wollen, wenden Sie sich an das Pfarrbüro der Katholischen Pfarrgemeinde oder achten Sie auf Angebote der privaten Reedereien. Gleichzeitig findet auf der „Freiheit" und dem Festplatz die große Kirmes mit Schützenfest statt.

Anfahrt:

ÖPNV: Am Wiener Platz kreuzen sich mehrere Straßenbahnlinien, eine Station trennt ihn vom Mülheimer Bahnhof. Über die Buchheimer Straße (alternativ durch die Grünzone südlich der Brückenrampe) gelangt man zum Festplatz am Rhein. Stammheim ist an die S-Bahn angebunden (Linie 6), außerdem fahren Busse zum Wiener Platz.

Schiff: Von der Hohenzollernbrücke (linksrheinisch) steuern Rundfahrtboote mit Zwischenhalt an Zoo/Flora den Steiger unterhalb von St. Clemens an.

Auto: Parken auf dem Festplatz unter der Mülheimer Brücke; in Stammheim bestehen Parkmöglichkeiten vor dem Schlosspark sowie hinter dem RTHC-Bootshaus.

Schifferkirche St. Clemens, davor die neue Hochwasserschutzmauer

Einfahrt zum Mülheimer Hafen mit der „Katzenbuckel" genannten Fußgängerbrücke

Kläranlage
Gisbertstr.
Stammheim
B 8
Stammheimer Schlosspark
Rhein
Niehler Hafen
Wasserturm
Schlackenbergwerft
Böckingpark
B 51
Dünnwalder Str.
Krahnenstr.
B 51
B 8
Mülhelmia-Brunnen
Mülheimer Freiheit
Riehl
B 51
St. Clemens
Mülheimer Brücke
Buchheimer Str.
B 506
Start
Wiener Platz
Schifffahrtsbrunnen
Zoo
B 8
B 51
Hafenbrücke
Mülheim
Rhein
Mülheimer Hafen
Zoobrücke
B 55a
N
0
250
m

Wohnen und Durchatmen am Strom

Entlang des Rheinufers zwischen Mülheim und Stammheim lassen sich beispielhaft alle Spielarten und Wandlungen des Wohnens und Arbeitens am Strom erleben. Das alte Mülheim wandte sich nicht dem Rhein, sondern seiner zentralen Hauptstraße zu. Erst gründerzeitliche Villen am anschließenden Hochufer nahmen mit ihren Bauten und Gärten Bezug auf den Fluss – nach dem Vorbild des Bonner Raumes (Bonn und Vorgebirge, Bd. 6). Auch die in der Nachkriegszeit entstandenen Siedlungen zwischen Mülheim und Stammheim sind noch nicht auf den Fluss hin orientiert. In den 1980er und 1990er Jahren setzte dann eine gezielte Bebauung „mit Rheinblick" ein.

Mülheimer Hafen und Werft

Der Startpunkt dieser Tour von Mülheim nach Stammheim liegt am Festplatz unter der Mülheimer Brücke, der alltags als Parkplatz dient. Gehen Sie zunächst ein paar Schritte nach Süden über das ehemalige Rheinwerft, an den Kulissen der WDR-„Anrheiner" vorbei und durch die Hafenstraße auf den „Katzenbuckel", die Fußgängerbrücke über die Hafeneinfahrt. Von hier aus haben Sie einen guten Blick auf den Mülheimer Hafen, der 1890–95 als staatlicher Schutzhafen angelegt wurde. Das städtische Werft nördlich davon haben Sie gerade überquert, dort befindet sich nach Abbruch der letzten Hafenbauten in den 1990er Jahren eine neue Wohnanlage. Von der sparkasseneigenen Immobiliengesellschaft errichtet, erhebt sie sich rheinseitig auf Stützen vor einem geschlossenen Sockelgeschoss. Ein Hochwasserpumpwerk in Form eines weißen Rechtecks für den hier mündenden Strunder Bach (Vierflüsseland, Bd. 2) vermittelt zum Festplatz oberhalb der bis 2008 weit-

Flotte des Wasser- und Schifffahrtsamtes im Mülheimer Hafen

gehend erneuerten und erhöhten Hochwasserschutzmauer. Unterhalb erstreckt sich über einen halben Kilometer die erst in den 1950er Jahren angelegte durchgehende Rheinpromenade mit Kaimauer.

St. Clemens

Nun geht es entlang des Rheins wieder stromab bis zur alten „Schifferkirche" St. Clemens. Die Promenade umschließt auch den bastionsartigen Vorsprung, der über Jahrhunderte den auffälligsten Teil der Mülheimer Rheinfront bildete, und dessen jüngste – recht glatt geratene – Fassung den Hochwasserschutzmaßnahmen zu verdanken ist. Auch hier (wie etwa in Zündorf, siehe S. 85) darf eine Johannes-Nepomuk-Statue nicht fehlen. Die Kirche St. Clemens, deren romanischer Kernbau zuletzt in barocken Formen erweitert wurde, wurde nach starker Kriegszerstörung von Joachim Schürmann behutsam erneuert und ist umgeben von einigen ebenfalls wieder aufgebauten barocken Wohnhäusern; gemeinsam sollen sie Aussehen und Maßstab des barocken Mülheim wieder erlebbar machen.

Zwischen St. Clemens und dem Hafen spielte sich die einst rege Mülheimer Rheinschifffahrt ab, von der fast nichts geblieben ist; in Spitzenzeiten des späten 19. und frühen 20. Jahrhunderts verkehrten mehrere Dutzend der volkstümlichen „Müllemer Böötchen" als Fähren sowie rheinauf und rheinab im Ausflugs- und Pendelverkehr. Heute befindet sich auf Höhe von St. Clemens der Steiger für die Rundfahrtschiffe, die an der Hohenzollernbrücke starten.

Nur einmal im Jahr, zur „Gottestracht", der berühmten Schiffsprozession am Fronleichnamstag, versammeln sich zahlreiche kleine und große Passagierschiffe aus der ganzen Umgebung. Von der Liebfrauenkirche her kommend, besteigt die Prozession mit dem Allerheiligsten die Schiffe,

Strandbar und Filmkulissen auf dem Mülheimer Werft

Fischerboote und „Müllemer Böötchen"
Blick vom Bootshaus des Mülheimer Wassersport-Vereins Richtung Stadtzentrum

Von der Mülheimer Freiheit zum Medienstandort

Bis zur Eingemeindung nach Köln 1914 war Mülheim eine eigenständige Kreisstadt. Der seit dem 11. Jahrhundert belegte Name bezieht sich auf die untersten Mühlen der Strunde im Verlauf der heutigen Bachstraße. Als einer der Häfen an der „Stromgrenze" der Grafschaft Berg (ab dem 14. Jahrhundert Herzogtum) vermittelte Mülheim zwischen dem Bergischen Land und dem gegenüberliegenden Kölnischen Kurfürstentum. Die Fährrechte zwischen Mülheim und Riehl befanden sich jahrhundertelang im Besitz der Abtei Altenberg und waren an Mülheimer Schiffer und Kaufleute verpachtet; ebenso wurde staatlicher Landzoll erhoben.

Das Leben der „Freiheit" – einer Siedlungsform mit Rechten zwischen Dorf und Stadt – spielte sich wesentlich auf der gleichnamigen Hauptstraße und in einigen kurzen Seitenstraßen ab. Im 16. Jahrhundert ver-

Seit fast hundert Jahren gehört die einstige „Freiheit" Mülheim zu Köln – die Hängebrücke war eine Gegenleistung dafür, dass die Mülheimer der Eingemeindung zustimmten.

suchten die in Düsseldorf residierenden Herzöge von Berg zum ersten Mal, die „Freiheit“ zu einer befestigten, groß angelegten Siedlung auszubauen. Weniger aus militärischen denn aus wirtschaftspolitischen Gründen (Kontrolle des Stapelrechtes) wussten der Kölner Rat und der Erzbischof als Landesherr Kurkölns dies zu verhindern. Erst zu Beginn des 18. Jahrhunderts begann ein Aufschwung, der durch die Übersiedlung mehrerer protestantischer Kaufmannsfamilien aus Köln angestoßen wurde; enge Verbindungen bestanden auch ins frühindustriell entwickelte Bergische Land. In dieser Zeit erhielt Mülheim ein wohlhabendes barockes (Klein-)Stadtbild.

Im Jahr 1785 verlieh Carl Theodor, pfälzischer Kurfürst und Herrscher in Berg, der Siedlung die Stadtrechte. Ob dies trotz oder wegen der Eisflut von 1784 geschah, bleibt offen. Insbesondere der niedrig gelegene Südteil der Altstadt wurde damals stark beschädigt – nach weiteren Zerstörungen im Zweiten Weltkrieg ist dieser Bereich um die Herz-Jesu-Kirche heute kaum noch als Teil der Mülheimer Altstadt erkennbar und im Bewusstsein.

1815 wurde Mülheim der preußischen Rheinprovinz zugeschlagen, womit der Grenzcharakter des Rheins aufgehoben wurde. Gegen Porz und andere Ortschaften, insbesondere Bensberg, setzte Mülheim sich als Verwaltungssitz des Landkreises durch, der bis 1914 bestand. Neben zunehmender struktureller und industrieller Verflechtung war es die Frage des Brückenbaus, die letztlich entscheidend für die Eingliederung Mülheims in das Kölner Stadtgebiet am Vorabend des Ersten Weltkrieges war. Die Brücke wurde dann allerdings erst 1927–29 gebaut.

Schon früh war Mülheim von den rechtsrheinisch nach Norden verlaufenden Eisenbahnlinien berührt worden. Spielten sie für die bis etwa 1870 dominierende Textilindustrie noch keine bedeutende Rolle, so waren sie

Der Eisgang von 1784 zerstörte ein Drittel des Ortes.

mit ausschlaggebend für die Ansiedlung weiterer Industriezweige, überwiegend durch Kölner Unternehmer: im Norden die „Böcking-Hütte", im Osten das Felten & Guilleaume Carlswerk (1873) und weitere Betriebe, im Süden zwischen Mülheim und Deutz unter anderem die Farbenfabrik Lindgens, die Gasmotorenfabrik Deutz, das Stahlwerk van der Zypen und die Waggonfabrik van der Zypen & Charlier. 1890–95 entstand der staatliche Fluchthafen südlich der Stadt, in dem sich (auf Deutzer Gelände) eine der größten Schiffswerften am Rhein ansiedelte, als Tochtergründung der „Gebr. Sachsenberg-Werft" in Rosslau an der Elbe.

Das sprunghafte Wachstum der Stadt seit etwa 1870 führte zu einer Ausdehnung der Wohnbebauung in nordöstliche bis südöstliche Richtung. Zwischen „Altstadt" und den neuen Siedlungsgebieten befand sich schneisenartig die Strecke der Köln-Mindener Eisenbahn. Erst mit einer Neuorganisation der gesamten Bahnanlagen zwischen 1900 und 1910 konnte der Durchgangsverkehr auf die weiter außerhalb gelegene Strecke der Bergisch-Märkischen Bahn umgeleitet werden. Erhalten blieb der – bis heute auf eine neue Nutzung wartende – Güterbahnhof zwischen Berliner Straße und Carlswerk. Auf dem frei gewordenen Bahngelände wurde die Anlage einer Prachtstraße geplant, die in Anlehnung an Köln „Ring" genannt wurde.

Inzwischen hat Mülheim einen erneuten Strukturwandel erlebt. Auf dem Gelände des Carlswerks an der Schanzenstraße und in seinen teils denkmalgeschützten Industriebauten haben sich bereits früh Musik- und Mediengewerbe angesiedelt und große Anziehungskraft auf andere „Kreative" ausgeübt. Außerdem ist es einer der Schwerpunkte der – kulturell überwiegend türkisch geprägten – Immigration in Köln. Seine Funktion als Verwaltungs-, Bildungs- und Konsumzentrum für weite Teile des nordöstlichen Kölner Stadtgebietes hat Mülheim bis heute gewahrt.

Das Carlswerk im Mülheimer Osten wurde 1873 gegründet und diente der Draht- und Kabelproduktion.

die sich stromauf bis zur Zoobrücke – in Höhe der ehemaligen Stadtgrenze – in Bewegung setzen. Dann treiben die Schiffe rückwärts stromab. Auf Höhe von St. Clemens wird unter Böllern angehalten und ein Segen erteilt. Anschließend treiben die Schiffe weiter bis zur Stammheimer Grenze und kehren dann zu den Anlegestellen zurück.

Mülheimer Freiheit und Schifffahrtsbrunnen

Von St. Clemens können Sie über die Buchheimer Straße einen kurzen Abstecher zum Wiener Platz unternehmen, wo ein Schifffahrtsbrunnen steht. Dabei queren Sie zunächst die alte Hauptachse Mülheims parallel zum Rhein, die „Freiheit". Von der einst mit großen Kaufmannshäusern bebauten Straße erstreckten sich Gärten bis zum Rhein; dazwischen führten kleine Gässchen zum Strom. Nach dem Zweiten Weltkrieg wurde die Uferkante mit quergelagerten Wohnhäusern und einer Schule bebaut. In der folgenden Wallstraße fällt der Blick auf die nach dem Hochwasser von 1784 errichtete evangelische Friedenskirche; an der Regentenstraße liegt die katholische Liebfrauenkirche. Das heute eine Apotheke beherbergende spätbarocke Wohnhaus „Bärenhof" in der Buchheimer Straße gehörte einst dem Zoll- und Fährpächter Bertholdi.

Zu Beginn des 20. Jahrhunderts wurde am Wiener Platz durch Verlegung einer Eisenbahnstrecke eine neue städtebauliche Situation geschaffen, die neben einer Kette von Plätzen und Grünanlagen auch mehrere Brunnen umfasste. Einer davon, der Schifffahrtsbrunnen, steht heute neben dem Bezirksrathaus am Beginn der Jan-Wellem-Straße.

Barocke Bürgerhäuser flankieren den Zugang zur Clemenskirche.

Mittelfigur des Schifffahrtsbrunnens von Hans Wildermann (1912/13)

Krahnenstraße

Gehen Sie nun zurück zum Rhein und weiter stromabwärts (alternativ können Sie der Mülheimer Freiheit folgen). Am Nordende der Uferpromenade liegt an Dalben befestigt das Bootshaus eines Rudervereins. Eine Treppe führt zur Krahnenstraße hinauf, die von der „Freiheit" abzweigt und ihren Namen nach den hier früher befindlichen Verladekränen trägt. Um den von Wilhelm Albermann geschaffenen „Mülhelmia"-Brunnen haben einige Häuser des 18. bis 19. Jahrhunderts die schweren Bombenangriffe des letzten Weltkriegs überstanden. Hinter dem auffälligen Wohnhaus eines Architekten versteckt sich ein als Hafenmeisterhaus angesprochenes altes Häuschen. Die Krahnenstraße wird überragt von einem barocken Kaufmannspalais.

Blick durch die Krahnenstraße zur Mülheimer Freiheit
Der Stammheimer Weg ist ein alter Treidelpfad.

Oberhalb der steilen Uferbefestigung und des schmalen Uferwegs schlossen sich nach Norden entlang der Düsseldorfer Straße repräsentative Villen des Mülheimer Industriebürgertums an; nur wenige davon stehen noch. Heute befindet sich hier das Rheingymnasium, ein charakteristischer Schulbau der 1950er Jahre; auf dem Schulgelände wurde kürzlich ein Hochwasserpumpwerk mit darüberliegender Turnhalle für den dort in den Rhein mündenden Regenwasserkanal errichtet.

Schlackenbergwerft und Wasserturm

Nächstes auffälliges Monument am Rheinufer ist die sogenannte „Schlackenbergwerft“, eine Mitte der 1920er Jahre errichtete Verladeanlage für die Kabelrollen des Carlswerks von Felten & Guilleaume im

An der Schlackenbergwerft wurden Erzeugnisse von Felten & Guilleaume verladen.

Mülheimer Osten. Die mächtigen Stampfbetonbögen, rheinseitig mit dem Zeichen der F&G-Handelsfirma „Neptun“ versehen, tragen heute keine Kräne mehr, sondern sind als Promenade zugänglich. Der Name rührt vom Schlackenlagerplatz einer ehemals weiter östlich ansässigen Eisenhütte her. Einige Schritte weiter entstand in den 1960er Jahren die architektonisch besonders konsequent gestaltete „Weiße Siedlung“, die sich mit ihren kubisch gestaffelten Baumassen schräg zum Rheinufer hin öffnet.
Dem ehemaligen Treidelpfad „Stammheimer Weg“ weiter nördlich folgend, fällt der Backsteinschaft des Stammheimer Wasserturms ins Auge. Er gehörte der „Rheinischen Wasserwerksgesellschaft“, die nicht

Der Stammheimer Schlosspark auf dem Hochufer des Rheins

nur im Gebiet des heutigen rechtsrheinischen Köln tätig war, sondern auch das in den 1980er Jahren als Ersatzparlament bekannt gewordene Bonner Wasserwerk errichtete (siehe S. 40). Von dem Pumpwerk und den zuletzt zwei übereinanderliegenden Behältern in Stammheim ist nichts erhalten; eine neue Nutzung des markanten Industriedenkmals steht trotz vieler Vorschläge bis heute aus.
Mehrere Siedlungen schließen sich an, bis der alte Ortskern von Stammheim auf den Fluss stößt. Erst in den letzten Jahren wurden hier mehrere bewusst auf den Rhein ausgerichtete Wohnanlagen gebaut.

Schlosspark Stammheim

Am End- bzw. Anfangspunkt des rechtsrheinischen Leinpfades – denn hier wechselte man von Niehl aus über den Rhein – erreichen Sie den Stammheimer Schlosspark, der mit einer seiner drei Seiten ans Rheinufer grenzt. Mit seinem historischen Baumbestand und seiner vor mehreren Jahren begonnenen Nutzung als Skulpturenpark ist er einer der schönsten Parks der Stadt. Das einstige schlichte Barockschloss, das im Krieg zerstört wurde, diente den Grafen von Fürstenberg-Stammheim als Wohnsitz, die etwa den Wiederaufbau des Altenberger Domes **(Vierflüsseland, Bd. 2)** tatkräftig unterstützten. Nach der Kriegszerstörung entstand hier ein Wohnheim für Bayer-Mitarbeiter, ab 1983 für fast zwanzig Jahre als Studentenwohnheim genutzt, das zum Rhein hin einen auffälligen Rundbau besitzt. Auch für diese denkmalgeschützte Nachkriegsarchitektur wird eine neue Nutzung gesucht.
Unmittelbar neben dem Park liegt das feste Bootshaus des RTHC, des 1910 gegründeten Ruder-, Tennis- und Hockey-Vereins der Bayer-Werke. Nördlich von hier erstreckt sich das Naturschutzgebiet der Flittarder Aue, das zu ausgedehnten Streifzügen einlädt.

Das ehemalige Altenwohnheim der Bayer AG im Stammheimer Schlosspark wartet auf eine neue Nutzung.

Trinkwasser und Abwasser

Bedingt durch mitgeführte „natürliche Schwebstoffe" macht der Rhein keinen besonders sauberen Eindruck. Schon die Römer in Köln versuchten sich deshalb durch den Bau einer Wasserleitung aus der Eifel vom Rheinwasser (und den wenigen linksrheinischen Bächen) unabhängig zu machen. Nur als Abwasserentsorger war er willkommen. Seit dem schrittweisen Aufbau einer kommunalen Trink- und Brauchwasserversorgung ab Mitte des 19. Jahrhunderts kommt dem Rhein aber wieder eine wichtige Rolle für die Trink-, vor allem aber auch die Brauchwasserversorgung der Region zu. Dabei wird das Wasser jedoch nicht direkt dem Fluss entnommen, sondern durch Brunnen im Uferbereich, wodurch man sogenanntes „Uferfiltrat" erhält. Das erste städtische Wasserwerk Kölns befand sich an der Alteburg in Bayenthal.

Auf der rechten Rheinseite und in **Bonn (Bd. 6)** kümmerte sich die 1871 gegründete „Rheinische Wasserwerksgesellschaft" um die Versorgung von Städten und Gemeinden. Im linksrheinischen Bad Godesberg förderte ein Wasserwerk in der Plittersdorfer Aue Uferfiltrat zur Trinkwasserversorgung, bis die Stadt in den 1980er Jahren an die Ende der 1950er Jahre eröffnete Trinkwasserversorgung aus der Wahnbachtal-

Mit der Ruine des Stammheimer Wasserturms haben sich bereits viele Umnutzungsprojekte erfolglos auseinandergesetzt.

sperre angeschlossen wurde. Talsperrenwasser, insbesondere aus dem Bergischen Land **(Bergische Höhen, Bd. 3)**, deckt inzwischen auch einen Teil des Kölner Bedarfs. Trotzdem wird noch in etlichen Uferbereichen und Auen Trink- und Brauchwasser gefördert, etwa im Weißer Bogen südlich von Rodenkirchen (siehe S. 105). Ein halbes Jahr dauert es, bis das Wasser seinen Weg vom Rhein bis zur Brunnengalerie gefunden hat.

Die Abwasserbeseitigung entwickelte sich nur teilweise parallel dazu. Abwässer wurden bis weit ins 20. Jahrhundert gerne über Bäche und Sammelkanäle – darunter die Straßenentwässerung – ungeklärt zum Rhein geführt, in der Annahme, die große Wassermenge würde schon ausreichend verdünnen. Zwar erhielten große und kleine Städte ab dem späten 19. Jahrhundert systematische Abwasserkanalsysteme, eine Klärung jenseits der Abschöpfung grober Bestandteile fand jedoch vor Einleitung in den Strom nicht statt.

Als nach dem Zweiten Weltkrieg die Verschmutzung des Rheins immer stärker wurde – schließlich leben im Einzugsbereich des Flusses um die 50 Millionen Menschen – schritt man zum Bau von Kläranlagen. Die Kölner Großanlage, heute die größte ihrer Art am Rhein überhaupt, entstand in den 1950er Jahren unterhalb von Stammheim, am nördlichsten Ende des rechtsrheinischen Stadtgebietes. Die in den ersten Nachkriegsjahrzehnten immer geringer werdenden Fischbestände im Fluss waren ein deutliches Zeichen, dass sich – neben Überfischung – die Wasserqualität trotz Kläranlagen ständig verschlechterte. Als Verursacher wurden insbesondere die chemische Industrie – von Basel über den Bereich Mannheim/Ludwigshafen und den Main bis an den Niederrhein in mehreren Schwerpunkten konzentriert – sowie die Kaliindustrie im Elsass mit ihrer enormen Salzbelastung ausgemacht. Dazu

Das Großklärwerk Stammheim, im Hintergrund der Niehler Hafen

kamen immer wieder Chemieunfälle, bei denen, etwa 1969, schlagartig große Teile des Fischbestandes ausgelöscht wurden. Es bedurfte oft erheblichen Druckes und der Aktivitäten von Umweltschützern, um Verschmutzungen zu lokalisieren und ihre Verursacher zur Rechenschaft zu ziehen.

Spätestens in den 1990er Jahren trat eine spürbare Verbesserung ein: zum einen stellten die elsässischen Kaliwerke den Betrieb ein, zum anderen zeigten Kontrollen und Einleitungsverbote ihre Wirkung. Längst verschwundene Fischarten siedelten sich wieder an; neben den oft genannten Lachsen finden sich heute im Rhein etwa Brassen, Karpfen, Schleien, Welse und Zander. Gleichzeitig wurden neue Muschel- und Fischarten „eingeschleppt“ oder ausgesetzt. Ein nicht unbeträchtliches Risiko stellen jedoch die ebenfalls überwiegend der Chemieindustrie dienenden zahlreichen Gefahrguttransporte auf dem Fluss dar.

Wie beim Hochwasser lässt sich auch die Frage des Gewässerschutzes nicht regional lösen. Der Köln-Bonner Raum ist zugleich (Mit-)Verursacher wie Opfer von Belastungen. Hier wird die Einbindung in überregionale, sogar internationale Abhängigkeiten deutlich. Es ist der Vernunft, aber auch strengen, konsequent angewandten Regeln zu verdanken, dass der Rhein heute sowohl als internationale Großschifffahrtsstraße wie als lokaler Freizeit- und Erholungsraum funktioniert und dass sogar – was die Wasserqualität angeht – gefahrlos im Strom gebadet werden kann.

Schifffahrtsstraße Rhein – Blick von der Mülheimer Promenade auf den Rheinbogen

TOURISMUSINFORMATION
KölnTourismus GmbH
Kardinal-Höffner-Platz 1
50667 Köln
Tel. 0221 / 221-304 00
www.koelntourismus.de

Informationen zur **Flittarder Rheinaue** finden Sie unter:
www.koeln-flittard.de/dorf/rheinaue.htm

UNTERWEGS
Schiffstouren
Rundfahrten ab Hohenzollernbrücke:
www.dampfschiffahrt-colonia.de

HEREINGESCHAUT!
Schlosspark Stammheim
Egonstraße/Stammheimer Hauptstraße
Ganzjährig rund um die Uhr geöffnet
Anfahrtsbeschreibung und aktuelle Termine unter: www.rhein-perlen.de

Skulpturenausstellungen im Schlosspark Stammheim
Initiative Kultur Raum Rechtsrhein
www.rheinblicke-einblicke.de

Umweltschule Villa Öki im Großklärwerk Köln-Stammheim
In der Villa Öki werden für Schüler aller Altersgruppen und Schulformen Umweltprobleme aufgezeigt und Lösungsansätze vermittelt. Termine: Frau Marika Weeck, Tel. 0221 / 221-242 24

AKTIV DABEI
Mülheimer Gottestracht
Pfarrgemeinde St. Clemens und Liebfrauen
Adamsstr. 15
51063 Köln
Tel. 0221 / 967 02-0
www.muelheimer-gottestracht.de

Mülheimer Wassersport e. V.
(Ruderverein)
Bootshaus: Krahnenstr. 15
51063 Köln-Mülheim
Tel. 0221 / 640 11 77
www.muelheimer-wassersport-ev.de

RTHC (Ruder-, Tennis- und Hockeyclub)
Bayer Leverkusen e.V.; Bootshaus:
Am Stammheimer Schlosspark 20
51061 Köln
Tel. 0221 / 664 03 31; www.rthc.org
Bewirtschaftet Di–So ab 11 Uhr

An der jährlichen Schiffsprozession zu Fronleichnam nimmt natürlich auch die Feuerwehr mit eigenem Boot teil.

Erlebnisraum Niehl-Langel

Die Tour beginnt unterhalb des Niehler Hafens mit einem Rundgang durch den alten Fischerort Niehl. Jenseits der Ford-Werke schließt sich ein Ausflug zu den Rheindörfern Merkenich, Rheinkassel und Langel an. Entlang des Rheindeichs können Sie die landwirtschaftlich genutzte, teils naturbelassene Auenlandschaft erkunden und immer wieder den Blick weit in alle Richtungen schweifen lassen. Im Unterschied zu den Ortschaften zwischen Bonn und Köln gibt es hier fast keine touristische Infrastruktur; der Rhein dominiert in der von großen Höfen und alten Kirchen geprägten Kulturlandschaft.

Der Ausflug kann am besten per Rad oder als kombinierte Fuß- und Autoexkursion unternommen werden. Mit dem Fahrrad bietet sich eine Rundfahrt auf beiden Rheinseiten unter Nutzung der Fähre Langel–Hitdorf (Erlebnisraum Hitdorf, siehe S. 178) und der Rheinbrücken von Leverkusen oder Mülheim an.

Anfahrt:

ÖPNV: Die Kölner Stadtbahnlinie 12 berührt Niehl im Norden (Flittarder Weg) und endet in Merkenich, die Linie 16 fährt bis Niehl Sebastianstraße. Die Buslinie 121 verbindet etwa halbstündlich die Fähre in Langel über die Rheindörfer mit der genannten Stadtbahn in Merkenich und der S-Bahn (S 11) in Köln-Chorweiler.

Schiff: Leider nur Individualverkehr; von Langel aus können Sie mit der Autofähre nach Hitdorf übersetzen.

Auto: Nach Niehl über die innerstädtischen Hauptstraßen in Köln: Niehler Straße ab Innere Kanalstraße oder über den Niehler Gürtel in Verlängerung der Mülheimer Brücke; zum Niehler Damm der Wegweisung „Hafen Niehl" folgen. Von Norden bietet die Anschlussstelle Köln-Niehl an der A1 zwischen der Leverkusener Autobahnbrücke und dem Kreuz Köln-Nord Zugang zu allen Rheindörfern.

Parkmöglichkeiten in Niehl an der Stadtbahnhaltestelle (Sebastianstraße) sowie entlang der Rheinallee, in den Rheindörfern an den Hauptstraßen sowie am Fähranleger Langel

St. Amandus am Rheinkasseler Deich war eine Tochterkirche des Kölner Gereonsstifts.

Abendstimmung auf dem Rhein bei Niehl

Hitdorf
Fähranleger
Rheindorf
Bürrig
Langel
Rhein
Wupper
Dhünn
A 59
A 3
B 8
Kupper-
steg
Alte Römerstr.
St. Amandus
Rheinkassel
Kasselberg
A 1
Leverkusen
Wiesdorf
Autobahn-
brücke
Merkenich
Auf'm
Alten
Weerth
Regattastrecke
Seeberg
Ausfahrt
Köln-Niehl
Bayer-Werk
Fühlinger See
Ölhafen
Ford-Werke
Industriestr.
B 9
Emdener Str.
Geestemünder
Str.
Flittard
Longerich
„Niehler
Dömchen"
Niehl
Stammheim
Friedhof
St. Katharina
Hafenbrücke
Start
Pferde-
renn-
bahn
Niehler Hafen
Weidenpesch
Neusser Str.
Industriestr.
N
A 57
0
1
km
Riehl
B 51

Industrie und Rheindörfer

Die „Rheindörfer" des linksrheinischen Kölner Nordens vermitteln zur Landschaft des Niederrheins; die Industrieansiedlungen seit den 1920er Jahren, Kiesabbau und neue Großsiedlungen haben sie räumlich und gedanklich stark isoliert. Gerade deshalb sind hier noch kleine, überschaubare Gemeinden, ungewöhnliche Baudenkmale und sehr charakteristische, typisch niederrheinische Naturräume anzutreffen.

Das alte Niehl

Als erste linksrheinische historische Siedlung unterhalb Kölns hält Niehl gebührend Abstand vom Strom. Grund dafür ist vor allem das niedrige Niveau des Gleithangs, der vom Fluss in einem großen Bogen eingefasst wird. Erst der Bau des „Niehler Damms" in den 1920er Jahren verschaffte dem Ort größere Sicherheit bei Hochwasser. Auf dem nächsten etwas erhobenen Ufer entstand wohl schon am Ende des ersten christlichen Jahrtausends eine Fischer- und Schiffersiedlung, deren ältester Bau die kleine Kirche Alt St. Katharina aus dem 13. Jahrhundert ist („Niehler Dömchen").

Am Rhein entlang erreichen Sie Niehl über eine Fußgängerbrücke, welche die Hafeneinfahrt des in den 1920er Jahren angelegten Industriehafens überspannt. Vom Niehler Damm aus bietet sich ein kurzer, etwa halbstündiger Rundgang durch das authentische, alte Niehl mit seinen Gässchen und einstöckigen Fischerhäuschen an.

Dazu biegen Sie zunächst links in die Straße „In der Maienkammer" ein. Am Ende der Straße machen Sie eine Spitzkehre in die Merkenicher Straße und gehen am zweiten Abzweig nach links (Hillesheimstraße). Wenn Sie dann schräg rechts der Feldgärtenstraße folgen, erreichen Sie

Eine Fußgängerbrücke überspannt die Einfahrt des Niehler Hafens.

Kölns nördliche Wohn- und Industriestadt

Kölns räumliche Entwicklung im 19. Jahrhundert war wesentlich durch die Funktion als Festungsstadt geprägt. Zwar gelang es 1881, den Abbruch der mittelalterlichen Stadtmauer und die Anlage der Neustadt zu erreichen; Platz für größere Industrieanlagen fand sich jedoch nicht auf dem Stadtgebiet, sondern nur in und zwischen den umliegenden Gemeinden. Zwar wurden die meisten Unternehmen durch Eingemeindungen schließlich doch Teil der Stadt (Ehrenfeld, Nippes, Deutz und Kalk 1888; Mülheim 1914), doch eine Steuerung der Ansiedlung fand zunächst nicht statt.

Der seit 1917 amtierende Oberbürgermeister Konrad Adenauer setzte die bereits vor dem Ersten Weltkrieg aufgebrachte Idee durch, nördlich der Stadt ein großes Industriegebiet mit Hafen zu schaffen. Südlich von Niehl entstanden die ersten Teile eines Handels- und Industriehafens, der bis etwa 1970 auf die geplanten vier Becken ausgeweitet wurde. Mit Hilfe der neuen „Gürtelbahn“ wurden Industrie und Hafen zudem an die Haupt-Eisenbahnlinien um Köln sowie die Braunkohlegruben angeschlossen. Die Vorstellung, den Niehler Hafen zum Umschlagplatz für Braunkohle zu machen, musste jedoch zugunsten des vom Braunkohlesyndikat favorisierten

Am 2. Oktober 1930 legte Konrad Adenauer gemeinsam mit Henry Ford den Grundstein für die Kölner Ford-Werke.

Godorf aufgegeben werden. Bei der Erschließung des Gebietes wurden – wie auch bei anderen Großprojekten, etwa dem Müngersdorfer Stadion oder dem Grüngürtel – vermehrt Arbeitslose beschäftigt.
1929 gelang es der Stadt, die Ford-Werke zur Ansiedlung in Niehl zu gewinnen; sie erstellten eine architektonisch ambitionierte „Kernfabrik" unmittelbar am Rhein, die bereits 1931 in Betrieb gehen konnte. Angesichts der schwierigen wirtschaftlichen Lage der 1920er Jahre siedelten sich aber zunächst nur wenige Unternehmen im Kölner Norden an. Die Stadt selber ließ gemeinsam mit der Kalker Firma Humboldt eine innovative, aber letztlich gescheiterte Müllverbrennungsanlage (Emdener Str. 10) errichten, die vor allem wegen ihrer futuristischen Architektur bis heute beeindruckt.
Die Verwirklichung der großen Hoffnungen insbesondere im Hinblick auf Arbeitsplätze, die Adenauer und seine Zeitgenossen in diesen vergleichsweise gigantischen Plan eines neuen Industriestandorts setzten, ließ Jahrzehnte auf sich warten. Nach dem Zweiten Weltkrieg entwickelten die Städteplaner um Rudolf Schwarz die Ideen weiter zum Bau einer neuen „Werk-Stadt" im Norden in Ergänzung zur „Kultur- und Verwaltungsstadt", dem alten Kölner Stadtkern. Auf dieser Grundlage wurden einerseits neue Industriegebiete ausgewiesen, andererseits der Bau von teils stark verdichteten Siedlungen (Longerich, Heimersdorf und andere) im Nordwesten vorangetrieben.
Das Industriegebiet füllte sich, wobei insbesondere die Firma Ford dank Wirtschaftswunder und Automobilisierung große Flächen in Anspruch nahm. Für einen weiteren großen Betrieb, das Esso-Werk, wurde 1958 der Ölhafen Niehl II angelegt; auch entstanden neue, großformatige Autobahnzubringer, die die Vorstellung von der systematisch angelegten Industriezone auf die Spitze trieben.

Ein großer Teil des Niehler Hafens dient dem Containerumschlag.

das 1903/04 errichtete Cellitinnen-Kloster und heutige Krankenhaus St. Agatha. Sie folgen der Sebastianstraße, der geradlinigen alten Römerstraße, die das dörfliche Gassennetz durchschneidet, ein kurzes Stück bis zur neuromanischen St.-Katharina-Kirche. Der Fußweg links neben der Kirche führt wieder Richtung Rhein; rechts des alten Schulgebäudes beginnt die Katzengasse, der Sie bis zur Schifferstraße folgen, in die Sie nach links einbiegen. Nun überqueren Sie die Sebastianstraße und folgen der Merkenicher Straße bis zur barocken St.-Agatha-Kapelle von 1701. Biegen Sie schräg rechts in die Hermesgasse ab und folgen ihr bis zur Halfengasse; über den Fußweg rechts vor der alten Schule erreichen Sie das „Niehler Dömchen". Von hier aus können Sie entweder am Rhein entlang zurück zum Ausgangspunkt gelangen oder die Tour weiter rheinabwärts fortsetzen.

Das „Niehler Dömchen" Alt St. Katharina gehört zu den ältesten Dorfkirchen in Köln.
In den engen Straßen von Niehl finden sich noch alte Fischer- und Schifferkaten.

Ford-Werke

Unmittelbar nördlich des Niehler Ortskerns beginnt das großflächige Industriegebiet, dessen Straßennamen auf Seehäfen wie Emden, Geestemünde und Bremerhaven verweisen. Hier müssen Sie das Rheinufer kurzzeitig verlassen – am besten über die Geestemünder Straße bis zur Emdener Straße, dieser für etwa eineinhalb Kilometer nach Norden folgen und dann rechts in den Ivenshofweg einbiegen, der zur Merkenicher Hauptstraße führt.

Die Ansiedlung der Ford-Werke in Köln Anfang der 1930er Jahre auf intensives Bemühen des damaligen Kölner Oberbürgermeisters Konrad Adenauer hin gilt als einer der wichtigsten wirtschaftspolitischen Erfolge dieser Zeit. Nach Plänen des Essener Architekten Edmund Körner entstand unmittelbar am Rhein ein Industriebau, der zahlreiche Funk-

Ein Trafohaus aus den 1920er Jahren am Niehler Rheinufer, im Hintergrund die Ford-Werke

tionen unter einem Dach vereinigte; unter anderem befanden sich hier Büros – bis heute hat Ford hier seine Europa-Zentrale –, große Teile der Fertigung und ein Kraftwerk. An der vorgelagerten Kaianlage trennten nur wenige Meter Schiffe und Werk. In der Folgezeit dehnte sich das Unternehmen nach Norden, aber auch jenseits der Emdener Straße aus – hier ist insbesondere eine Motorenfertigung untergebracht.
Unmittelbar hinter den Ford-Werken befindet sich mit dem 1958 fertiggestellten Ölhafen Niehl II einer der kleinsten Kölner Häfen; er diente vor allem der Versorgung der weiter landeinwärts gelegenen, bis zur Neusser Landstraße reichenden ausgedehnten Esso-Raffinerie; heute werden dort auch Motoren und Autos verladen. Ende der 1960er Jahre wurde gar geplant, die Rheindörfer Merkenich, Rheinkassel und Langel zugunsten eines neuen Industriegebietes umzusiedeln. Tatsächlich abgebrochen wurde in den 1970er Jahren das Dorf Feldkassel.

Merkenich und Kasselberg

Isoliert zwischen Ford und der Autobahntrasse liegt das alte Dorf Merkenich, dessen Wegenamen wiederum auf seine Lage Bezug nehmen. Nicht nur ein „Auf'm Alten Weerth" findet sich hier, sondern auch eine Fährgasse, die den weit landeinwärts gelegenen Ort mit dem Rheinufer gegenüber von Leverkusen-Wiesdorf verbindet. Zuletzt verkehrte hier eine werkseigene Personenfähre zu den Bayer-Werken. Große Einzelhöfe, einst überwiegend in Kloster- und Stiftsbesitz und charakteristisch für die niederrheinische Landschaft, prägen das Ortsbild neben Tagelöhnerkaten. Eine alte Römerstraße in Verlängerung der Hauptstraße verbindet Merkenich mit Langel, um kurz vor Worringen wieder auf die „moderne" Neusser Landstraße zu stoßen. Römische Wachtürme entlang dieser Straße werden als Vorläufer der Kirchen vermutet. Mit dem Fahrrad sollten Sie

Das Kraftwerk verbindet Büroflügel und Werkhallen des ursprünglichen Ford-Hauptbaus.

jedoch den Kasselberger Weg wählen, der näher am Fluss entlang führt. Er zweigt kurz vor der Autobahnbrücke rechts von der Merkenicher Hauptstraße ab und durchquert den Rheindeich mit einem Einschnitt. Im Bereich unterhalb der Brücke hat sich viel natürliche Auenvegetation erhalten. Der weitläufige, nur teilweise landwirtschaftlich genutzte Raum „vor dem Deich" wurde von Merkenich bis Worringen zum Naturschutzgebiet erklärt und wird von beliebten Rad- und Wanderwegen durchzogen.

Weit vor dem Deich liegt auf einem kleinen Höhenzug das nur aus wenigen Häusern bestehende Kasselberg, dessen Ortsmittelpunkt die volkstümliche Gaststätte „Zum Gretchen" bildet. Bei jedem Hochwasser müssen hier die Wohnwagen von den Campingplätzen in Sicherheit gebracht werden. Ob die Namen von Kasselberg und dem folgenden Rheinkassel tatsächlich auf römische „Kastelle" oder zumindest die bereits

Camping mit Rheinblick in Kasselberg

Beliebt bei Spaziergängern und Radlern: der von alten Höfen gesäumte Merkenicher Deich

erwähnten Wachtürme am Rhein zurückgehen, ist nicht klar. Bis in die 1930er Jahre bestand eine Fährverbindung zwischen Kasselberg, das unmittelbar gegenüber der alten Wuppermündung liegt (siehe S. 172) und Leverkusen-Rheindorf.

Rheinkassel und Langel

Über den Kasselberger Weg geht es weiter nach Rheinkassel, wo Sie wieder zum Rheindeich gelangen. Die bereits in romanischer Zeit aufwendig ausgebaute Kirche St. Amandus – dem Kölner Gereonsstift unterstehend – bildete das seelsorgerische Zentrum der Umgebung. Die wegen der exakten Ostausrichtung der Apsis nicht rechtwinklig zum Fluss stehende Chorfassade ragt auch über den heutigen Rheindeich und ruft noch einmal die prachtvollen Schaufassaden der Kölner Kirchen **(Köln, Bd. 4)** zum Rhein hin in Erinnerung.

Die Kirche wurde vor allem von den Rheinschiffern früher „Dotemannskirche" genannt, eine Sandbank im Rhein war der Dotemannsort. Einer Sage zufolge wurde eine Leiche an dem Kirchhügel angeschwemmt. Sie trug ein Testament und sehr viel Geld bei sich, wovon das Gotteshaus auf ihrem Grab erbaut wurde (Dotemann = toter Mann).

Letzter Ort unserer Route ist Langel, das über den Rheindeich oder – mit dem Auto – über Kuhlenweg und Cohnenhofstraße erreichbar ist. Am Ende des Ortes liegt der Fähranleger, von wo aus Sie die Möglichkeit haben, nach Hitdorf überzusetzen (siehe S. 178). Historisch interessant ist,

Der heute umgenutzte Cohnenhof aus dem 18. Jahrhundert dominiert Langel.
Warnhinweis am Anleger der Autofähre Langel–Hitdorf

dass Langel und Rheinkassel in vorpreußischer Zeit als „Kondominium" (gemeinsames Herrschaftsgebiet) des Kurfürstentums Köln und des Herzogtums Berg verwaltet wurden – möglicherweise vor dem Hintergrund ihrer Bedeutung als Fährorte.
Wenn Sie mit dem Fahrrad unterwegs sind und nach Hitdorf übersetzen, können Sie von dort am Rhein entlang über Rheindorf und die alte Wuppermündung bis zur Leverkusener Autobahnbrücke fahren. Der Weg über die Brücke zurück nach Merkenich ist ausgeschildert.

Ausblick: Worringen

Westlich von Langel liegt die ehemalige Rheinschleife des Worringer Bruchs. Dieser in Köln einzigartige Naturraum begrenzt die Siedlungsaktivitäten von Chorweiler. Das nördlich davon gelegene Worringen mit seinem kleinstädtischen Charakter und den großen Höfen ist bereits ein eigenständiger niederrheinischer Ort.
Im Jahr 1288 gipfelte hier der Streit um die limburgische Erbnachfolge in der berühmten „Schlacht von Worringen". Da die Kölner Bürger auf Seiten des Siegers Johann von Brabant kämpften, während der Kölner Erzbischof die Gegenseite unterstützte, entledigte sich Köln gleichzeitig seines weltlichen Stadtherren und wurde freie Reichsstadt. Die Geschichte des linksrheinischen Raumes wurde über Jahrhunderte vom Ausgang der Schlacht geprägt: die dominierende ökonomische Stellung Kölns, die Aufwertung Bonns und später Brühls als kurfürstliche Residenzen, die Ernennung Düsseldorfs zur Stadt und sicherlich auch der zeitweise Niedergang und die Rückständigkeit Kölns in der Neuzeit.
Unmittelbar hinter Worringen – am nächsten Prallhang des Rheins – beginnen wieder riesige Chemieanlagen auf Kölner und Dormagener Gebiet, die man von Hitdorf aus am besten sieht.

Die Fährverbindung zwischen Hitdorf und Langel blickt auf eine jahrhundertelange Geschichte zurück. Die heutige Großfähre „Fritz Middelanis" ist seit 1962 im Einsatz.

Gewerbliche Rheinschifffahrt im Industriezeitalter

Seit der Antike ist der Rhein ein bedeutender Handelsweg, und viele Orte der Region Köln-Bonn sind davon geprägt. Bis zum Beginn der Industrialisierung erschwerten zahlreiche Zollstellen den Verkehr, und einträgliche Privilegien wie das Mainzer und Kölner Stapelrecht mussten vom Handel berücksichtigt werden.
Nachdem in Folge der Napoleonischen Kriege die „alte Ordnung" mit ihren Klein- und Kleinstterritorien und Reichsstädten untergegangen war, wurde am Rande des Wiener Kongresses 1814/15 auch die länderübergreifende Regelung der Rheinschifffahrt angestoßen. Besondere Bedeutung besaß der Fluss für die Schweizer als alleinige Verbindung zur See, aber auch für die Niederländer aufgrund ihrer Funktion als Vermittler zwischen Binnen- und Seeschifffahrt sowie ihrer Abhängigkeit von Waren aus dem Rheingebiet.

Dampfschlepper und zwei Frachtkähne vor Mülheim, Gemälde von Jakob Scheiner, um 1900

Die zunächst in Mannheim ansässige „Central Commission für die Rheinschifffahrt" wurde gegründet, in der alle Anlieger von der Schweiz bis Holland vertreten waren. Die 1831 erlassene „Mainzer Akte" regelte erstmals verbindlich und länderübergreifend die Nutzung der Wasserstraße und schaffte hinderliche Stapel- und Zollrechte für alle Rheinanliegerstaaten endgültig ab. In der Folge vertrat die Zentralkommission die Interessen der Schifffahrt gegenüber möglichen Beeinträchtigungen wie Brückenbauten, die insbesondere von den traditionellen Schiffern als Hindernis gesehen wurden. Auch Mindest-Durchfahrtsbreiten und -höhen wurden durch die Kommission festgelegt.

Auf Seiten der einzelnen Mitgliedsländer wurden Behörden für den Ausbau und die Überwachung des Stroms gegründet, so 1851 die „Rheinstrom-Bauverwaltung" mit Sitz in Koblenz, Vorgängerin der dem Bundesverkehrsministerium unterstellten „Wasser- und Schifffahrtsdirektion West" (Münster), die bis heute über ihre Dienststelle „Wasser- und Schifffahrtsamt Köln" für die Instandhaltung aller Bauwerke zuständig ist. Neben den städtischen Werften und Hafenanlagen entstanden staatliche Schutzhäfen, die bei Eisgang oder Hochwasser die Schiffe aufnahmen.

Nach dem Ersten Weltkrieg wurde mit dem Versailler Vertrag die Institution durch Großbritannien, Belgien und Italien erweitert und unter französischer Dominanz nach Straßburg verlegt. Ihren Sitz hat sie seitdem ausgerechnet im ehemaligen Kaiserpalast, der nun den Namen „Palais du Rhin" trägt. Nach dem Zweiten Weltkrieg engagierten sich die Alliierten nochmals verstärkt in der Zentralkommission, wobei sie de facto deutsche Interessen gegenüber anderen Rheinanliegern verteidigten. Die deutsch-französische Kooperation und der europäische Einigungsprozess führten 1960 zu einer Rückführung der Aufgaben der Zentralkommission

Der Rhein ist eine der meistbefahrenen Wasserstraßen der Welt – etwa 200 Transportschiffe passieren täglich den Kölner Flussabschnitt.

auf ihren technisch-organisatorischen Kern, während die politische Seite der europäischen Verwaltung eingegliedert wurde.

Mitte des 19. Jahrhunderts hatte die Schleppschifffahrt mit Hilfe eiserner Dampfschlepper und antriebsloser Frachtkähne die erste Stufe industriezeitlicher Schifffahrt auf dem Rhein eingeläutet. Auch wenn bis in die 1960er Jahre noch Schleppverbände existierten, so kamen spätestens seit dem Ersten Weltkrieg und der Reife des Dieselmotors auch die wendigeren „Selbstfahrer" oder „Partikuliere" auf, die – oft als Einzelunternehmer – mit Hilfe von Frachtagenten betrieben wurden.

Für ihre Dimensionierung setzte sich der Typ „Großes Rheinschiff" (Binnenschifffahrtsklasse Va) mit den Maßen: Länge 110 Meter, Breite 11,7 Meter, Tiefgang bis 3,5 Meter, Tragfähigkeit bis 3.000 Tonnen (oder 200 Container) durch. Diese Dimensionen werden auch von den Schleusen der wichtigsten Nebenflüsse berücksichtigt. Damit eng verwandt sind die Schiffstypen des Großmotorgüterschiffes und des Rhein-See-Schiffes. Seit den späten 1950er Jahren werden auch Schubverbände auf dem Rhein eingesetzt, die bis 300 Meter Länge erreichen können; außerdem gibt es Koppelverbände von Frachtschiffen mit antriebslosen „Leichtern". Seit den 1970er Jahren verkehren auch Containerschiffe, die heute bei bis zu 135 Meter Länge circa 500 Einheiten mit bis zu 5.500 Tonnen Gewicht aufnehmen können (Jowi-Klasse). In den Kölner Häfen, konzentriert auf Niehl, ist der Containerumschlag inzwischen größter Einzelposten.

Heute wird fast die Hälfte der Rheinschifffahrt von niederländischen Unternehmen bestritten; auf Deutschland folgen Belgien und die Schweiz. Während klassische Schütt- und Massengüter wie Getreide und Kohle zurückgehen, nimmt der Anteil an chemischen Rohstoffen und Produkten wie Salz, Gasen, Rohöl sowie verschiedensten Chemikalien weiter zu.

Auf Reede vor Wesseling: ein Tankschiff

TOURISMUSINFORMATION

KölnTourismus GmbH
Kardinal-Höffner-Platz 1
50667 Köln
Tel. 0221 / 221-304 00
www.koelntourismus.de

Aktuelle Informationen zu den **„Rheindörfern"** erhalten Sie unter:
www.buergerverein-rheindoerfer.de
www.rheinkassel.com

Wissenswertes über den **Hafen Niehl** unter:
www.hgk-koeln.de

Informationen zur **Geschichte von Ford** in Köln unter:
www.rheinische-industriekultur.de/objekte/koeln/Fordwerke

UNTERWEGS

Rheinfähre Langel–Hitdorf
Apr.–Sept. Mo–Fr 6–20 Uhr,
Sa, So, feiertags 9–20 Uhr,
Okt.–März Mo–Fr 6–19 Uhr,
Sa, So, feiertags 10–20 Uhr
Abfahrt nach Bedarf
Tickets: Erw. 1 €, Kinder 0,50 €, PKW mit Fahrer 3 €

Historische Informationen zur Rheinfähre
unter: www.hitdorf-lev.de/die-faehre.htm

EINKEHREN

Gaststätte „Kasselberger Gretchen"
Kasselberger Weg 101
50769 Köln
Tel. 0221 / 700 00 13
Di–Fr ab 11 Uhr, Sa, So ab 10 Uhr

Gaststätte „Zur Fähre"
Cohnenhofstr. 132
Köln-Langel (am Fähranleger)
Tel. 0221 / 708 74 94
Wiedereröffnung nach Neubau im Sommer 2010

Ortsmittelpunkt und Ausflugsziel: das „Kasselberger Gretchen"

Erlebnisraum Leverkusen-Wiesdorf

Unterhalb des Bayer-Werks hat sich die Stadt Leverkusen einen neuen Zugang zum Rhein geschaffen: Im Rahmen der Landesgartenschau 2005 wurde auf einem ehemaligen Deponiegelände in der Dhünnaue der Neuland-Park mit einer Vielzahl von Attraktionen angelegt. Gartenfreunde können sich von Themengärten inspirieren lassen, während auf Kinder mehrere Spielplätze warten. Im benachbarten Wiesdorf finden Sie alte Werkskolonien und die städtebaulichen Bemühungen um ein neues Zentrum der erst 1930 geschaffenen Stadt. Zurück am Rheinufer, folgt auf das imposante Panorama des „Chemparks" der breite grüne Uferstreifen des beginnenden Niederrheins.

Zu Fuß oder per Fahrrad erreichen Sie über die einmalige historische Schiffsbrücke in der alten Wuppermündung das beschauliche Schifferörtchen Rheindorf. Entlang des neuen Unterlaufs der Wupper mit einem Abstecher zum Industriedenkmal Reuschenberger Mühle und entlang der Dhünn können Sie nach Wiesdorf zurückkehren – oder weiter rheinabwärts nach Hitdorf fahren (siehe S. 178).

Anfahrt:

ÖPNV: Bahnhof Leverkusen-Mitte bzw. Leverkusen-Rheindorf (S- oder Regionalbahn), von dort weiter mit verschiedenen Buslinien. Die Leverkusener Autobahnbrücke stellt eine Verbindung zur linken Rheinseite und zur Endhaltestelle der Stadtbahnlinie 12 in Köln-Merkenich her.

Fahrrad: Das Bayer-Werk muss von Süden kommend umfahren werden; Anfahrt von der linken Rheinseite auch über die Autobahnbrücke möglich.

Auto: Abfahrt am Autobahndreieck Leverkusen-West Richtung Wiesdorf; Parkplätze am Neuland-Park (Rheinallee)

Blick stromab von der Leverkusener „Wacht am Rhein"

Der künstliche Mündungsarm der Wupper bei Rheindorf

Reuschenberger Mühle
Rheindorf
Bürrig
A 3
Wupper
Westring
Dhünn
B 8
St. Aldegundis
Langel
Neue Wuppermündung
A 59
Rhein
Kupper-
steg
Kreuz
Leverkusen-West
Alte Wuppermündung
Schiffsbrücke
Rheinkassel
Projektraum:
Schiffsbrücke
Wuppermündung
A 1
Westring
Neuland-
Park
Rhein-
Nebelstr.
Erholungshaus
Wöhlerstr.
Autobahnbrücke
Start
St. Antonius
Hauptstr.
Herz-Jesu-Kirche
„Wacht am Rhein"
allee
N
0
500
m
Wiesdorf
Manfort
B 8
Leverkusen
U
A 1
Merkenich
Bayer-Werk

Von alten und neuen Landschaften

Die 1930 zur Stadt „Leverkusen" zusammengeschlossenen alten Siedlungskerne haben sich bis heute eine starke Selbstständigkeit erhalten. Opladen und Schlebusch als „bergische" Landortschaften stehen Wiesdorf, Rheindorf und Hitdorf gegenüber. In unmittelbarer Nachbarschaft von Wiesdorf errichtete ab 1860 Carl Leverkus mehrere Farbenfabriken, die 1891 von den in Elberfeld ansässigen „Farbenfabriken vorm. Fried. Bayer & Co." erworben wurden. 1912 verlagerte Bayer seinen Firmensitz nach Wiesdorf. Entscheidend war dabei die Lage am Rhein, den man vor allem als Transportweg für Brenn- und Rohstoffe sowie zum Versand benötigte. Im Laufe der Zeit erreichte das Werk eine genutzte Uferlänge von circa zwei Kilometern. Im südlichen – auf Kölner Stadtgebiet liegenden – Abschnitt ist das Flittarder „Bennewasser", ein ökologisch wertvoller Altarm des Rheins, vorgelagert. Erst bei Stromkilometer 701 beginnt Leverkusens öffentliches Ufer.

St. Antonius

Die Tour von Wiesdorf nach Rheindorf beginnt unterhalb der „Wacht am Rhein". Nicht allen dürfte mehr bewusst sein, dass der Name der Gaststätte von einer berüchtigten patriotischen Hymne des 19. Jahrhunderts herrührt. Im modernen Stahl- und Glas-Outfit im Zusammenhang mit der Anlage des „Neuland-Parks" neu errichtet, markiert sie auf dem Rheindeich die Lage von Wiesdorf, das vom Fluss aus gesehen verdeckt ist.
Über den am Parkplatz beginnenden roten Fußweg gelangen Sie zunächst zur Kirche St. Antonius. Sie wurde 1661 auf diesem erhöhten Platz neu errichtet (und Ende des 19. Jahrhunderts in neogotischem

Blick vom Wiesdorfer Rheinufer auf den Chempark

Von Carl Leverkus über Bayer zum Chempark

Als um 1890 Bayer in Elberfeld und Barmen an seine Grenzen stößt, sieht sich das Unternehmen nach einem zukunftsträchtigen neuen Standort um. Fündig wird man in der Nähe von Wiesdorf bei Köln. Von der Firma „Dr. Carl Leverkus & Söhne" kauft Bayer deren Alizarin-Rot-Fabrik und weiteres verkehrsgünstig gelegenes Gelände am rechten Rheinufer. In den folgenden Jahren wird das Werk systematisch ausgebaut und parallel zum Rhein schachbrettartig angelegt.

Eingebettet in das Werksgelände ist ein öffentlich zugänglicher, begrünter Bereich mit dem Japanischen Garten. An seinem Rand stehen die in Generationenabstand errichteten Bayer-Hauptverwaltungen: das opulent ausgestattete spätwilhelminische „Q 26" (ab 1906), ein Bau der I.G. Farben aus den 1930er Jahren und das um 1960 errichtete Hochhaus, das derzeit zur „Medienfassade" umgebaut wird. Jüngster Bau ist das Vorstandsgebäude von 2002/03. Dem „Q 26" gegenüber liegt das repräsentative Kasino, während dem Vorstandsgebäude das ebenfalls architektonisch bemerkenswerte „BayKomm" als Kommunikationszentrum zugeordnet ist. Zwischen Parkzone und Wiesdorf haben sich im Werk zahlreiche bedeutende Industriebauten vor allem der 1920er und 1930er Jahre erhalten.

Zu den wirtschaftlichen Grundlagen des Werks gehört neben dem 1899

Die Leverkusener Industriekulisse mit dem Bayer-Kreuz

eingeführten Aspirin das weltweit erste Patent für die Herstellung von synthetischem Kautschuk, das 1909 an Fritz Hofmann erteilt wird. Die Enteignung von Patenten und Umstellung der Produktion nach dem verlorenen Ersten Weltkrieg sowie die Inflation der 1920er Jahre stellen Leitung und Mitarbeiter des Werks vor schwierige Aufgaben. Als Reaktion auf veränderte Weltmarktbedingungen schließen sich die führenden deutschen Chemieunternehmen 1925 zur „I.G. Farbenindustrie AG" zusammen. Im Rahmen der Neuorganisation der Arbeitsgebiete wird der Verkauf von Pharmazeutika in Leverkusen zentralisiert. Aber auch hier werden in den 1920er und 1930er Jahren bahnbrechende Erfindungen gemacht: Der Synthesekautschuk Buna wird entwickelt und das Arbeitsgebiet der Polyurethane erschlossen.

Während des Zweiten Weltkriegs wird die Produktion erneut für Rüstungszwecke umgestellt. Die zur Wehrmacht eingezogenen Mitarbeiter werden zu etwa einem Drittel durch Zwangsarbeiter ersetzt. Nach der Entflechtung der I.G. Farben und der Neugründung von Bayer 1951 wird die Produktion nach und nach aufgebaut. Die Produktpalette umfasst organische und anorganische Produkte sowie Pharmazeutika, Farbstoffe, Polyurethane und Kautschuke. Zahlreiche Forschungs- und anwendungstechnische Labors ergänzen die Produktionsbetriebe.

In den 1990er Jahren erlebt das Werk einen tiefgreifenden Wandel. Mit dem Chemiepark-Konzept wird eine Lösung gefunden, die das Nebeneinander weiter bestehender und ausgegliederter Bayer-Unternehmenszweige wie auch die Ansiedlung von fremden Unternehmen ermöglicht. Dies erhöht die Attraktivität des Chemiestandortes Leverkusen, der durch Kooperation mit der Fachhochschule Köln weiter gefestigt werden soll. Seit 2008 führt das Gelände den geschützten Namen „Chempark".

Bayer-Vorgänger: die Farbenfabrik Carl Leverkus, um 1890

Stil erweitert), nachdem Vorgängerbauten und große Teile des Dorfes durch mehrere Hochwasser mit anschließender Verlagerung des Flussbettes zerstört worden waren. Die so im Laufe der Zeit zwischen Köln-Flittard und Wiesdorf angeschwemmten Sand- und Kiesmassen schufen ein wenig fruchtbares Plateau, das sich für die Ansiedlung der Industrie hervorragend eignete.

Bayer-Erholungshaus und Werkskolonie

Folgen Sie nun der Kleinen Kirchstraße nach rechts und biegen dann links in die Wiesdorfer Hauptstraße ein. Kurz vor der heutigen katholischen Hauptkirche, der expressionistischen Herz-Jesu-Kirche, geht es nach links in die Nobelstraße bis zum Erholungshaus der Firma Bayer. Es wurde im September 1908 errichtet und bietet mit seinem Thea-

Das Erholungshaus liegt innerhalb einer Bayer-Werkskolonie.
Die Fähre „Alchimia" verband das Bayer-Werk mit Merkenich.

tersaal und geräumigen Foyers dem Bayer-Kulturprogramm und den unternehmensnahen Vereinen Raum. Mit seinem gediegenen, neobarocken Äußeren (das Innere wurde nach einem Brand 1977 modernisiert) ist es ein typisches Beispiel spätwilhelminischer Unternehmensfürsorge. Die Einwohnerzahl Wiesdorfs stieg von 1.000 im Jahre 1834 auf knapp 26.700 im Jahre 1920. Großen Anteil daran hatten die ersten, „Kolonie" genannten Werkssiedlungen des Chemiewerks rings um den Ort; zahlreiche weitere in näherer und weiterer Umgebung schlossen sich an. Eine solche Kolonie mit Doppelhäusern im deutschen Renaissancestil sehen Sie, wenn Sie nach links in die Dhünnstraße und wieder nach rechts in die Peter-Grieß-Straße einbiegen. In den anschließenden Straßen lässt sich der chronologisch folgende Übergang zu neubarocken und biedermeierlichen Hausformen beobachten. Am Ende der Peter-Grieß-Straße stoßen Sie wieder auf die Nobelstraße und folgen ihr bis zum Neuland-Park.

Neuland-Park

Um 1840 war die Mündungsaue der Dhünn **(Vierflüsseland, Bd. 2)** trockengelegt worden, indem die Flussmündung zur Wupper hin verlegt wurde. Bis Ende der 1940er Jahre wurden durch die Bayer AG und die Stadt Leverkusen Bauschutt, hausmüllähnliche Abfälle und Chemierückstände – insgesamt circa sechs Millionen Tonnen – auf der Fläche am Rhein nördlich von Wiesdorf abgelagert. Nach der Schließung errichtete man auf der durchschnittlich acht Meter mächtigen Deponie Wohnungen, den Bayer-Kanuclub und ein Restaurant. Im Rahmen eines Bebauungsplans begann man sich in den 1980er Jahren erneut mit der Altlast zu beschäftigen. Es erwies sich als notwendig, das Gelände aufwendig abzudichten, um den Kontakt zwischen Menschen und

Der Neuland-Park wurde 2005 anlässlich der Landesgartenschau eröffnet.

dem Boden, das Eindringen von Regenwasser und den unkontrollierten Austritt von belasteter Bodenluft zu verhindern. Um die komplizierte Abdichtung durchzuführen, mussten 1993 sämtliche Bauten und Verkehrswege abgetragen werden. Heute dient eine über drei Kilometer lange und bis vierzig Meter tiefe Sperrwand zum Rhein als Grundwasserbarriere.

Im Jahr 2005 fand auf dem Gelände die Landesgartenschau unter dem Motto „Neuland entdecken!“ statt, im Anschluss wurde der Neuland-Park eröffnet. Beim Hindurchschlendern kommen Sie an vielen Attraktionen wie Themengärten, Kunstwerken und Spielplätzen vorbei. Eine zentrale städtebauliche Aufgabe war die Anbindung des Parks und der Ortslage von Wiesdorf an den Rhein. Zwei Brücken im Süden und Norden des Rheinufers verbinden den Park mit dem Rheindeich. Über die Neulandbrücke im Norden, die die Fortsetzung des oberen „Bumerangwegs“ bildet, gelangen Sie wieder zur „Wacht am Rhein“.

Schiffsbrücke Wuppermündung

Nun geht es am Rheinufer entlang unter der Autobahnbrücke hindurch nach Norden; dort liegt heute isoliert die alte Wuppermündung. Durch die A 59 wird der Uferstreifen am Rhein von der Deponie Bürrig und dem Stadtteil Rheindorf vollständig abgetrennt. Die in den späten 1950er Jahren zuletzt erneuerte Schiffsbrücke über die Wuppermündung erfreute sich als Ausflugsziel einiger Beliebtheit. Nach mehrjähriger Sanierung wird sie im Rahmen der Regionale 2010 im Präsentationsjahr wieder „eingeschwommen“. Auch direkt an der Autobahn können Sie den hakenförmigen, mit Rheinwasser gefüllten Mündungsarm überqueren.

Jenseits von zwei mächtigen Starkstrommasten gelangen Sie zur neuen, Anfang der 1970er Jahre angelegten Wuppermündung. Eine segmen-

Pontonbrücke über die Wupper bei Rheindorf

tierte Brücke, die bei Hochwasser aufschwimmen kann, führt wenig oberhalb der Autobahn über die Wupper nach Leverkusen-Rheindorf.

Rheindorf

Den Ortseingang von Rheindorf markieren zwei stattliche barocke Wohnhäuser: das 1705 erbaute Wohnhaus des Zolleinnehmers sowie das „Haus zum Orth", heute Gaststätte „Villa Knöterich". Das vor dem Krieg backsteinsichtige und mit Mansarddach versehene Haus wurde 1737 von der Schifferfamilie Adolphs errichtet. Der doppeltorige Eingang zum Lagerkeller ist mit den Initialen LA = Laurenz Adolphs und einem Anker auf dem Schlussstein versehen. Einige Schritte weiter steht die Aldegundis-Kirche, deren Anfänge in fränkischer Zeit liegen; einem mittelalterlichen Turm ist das als Saalkirche erneuerte und im Rokokostil ausgestattete Kirchenschiff angeschlossen. Von der landesherrlichen Burg dahinter ist nach Kriegszerstörung nur ein Wirtschaftsflügel erhalten.

Die verbliebenen Zeugnisse erinnern daran, dass Rheindorf zwischen Mülheim und Hitdorf – nicht zu verwechseln mit Grau- und Schwarzrheindorf bei Bonn (Bd. 6) – vom Spätmittelalter bis ins 18. Jahrhundert ein durchaus ernst zu nehmender bergischer Hafen und Handelsplatz war; zugänglich vom Wasser aus war er wohl über heute gänzlich verschwundene Rhein- oder Wupperarme.

Möchten Sie mit dem Fahrrad nach Wiesdorf zurückkehren, dann bietet sich der ausgeschilderte NRW-Fahrradweg um die Deponie herum an, der nördlich und östlich von Wupper und Dhünn verläuft. Hinter der Wupperbrücke ist ein Abstecher auf dem Damm entlang des Mühlbachs zum beeindruckenden Industriedenkmal Reuschenberger Mühle zu empfehlen. Alternativ können Sie am Rhein entlang nach Hitdorf weiterfahren.

Am Ortseingang von Rheindorf: Haus des Zollpächters (links) und „Villa Knöterich"

Regionale 2010 Schiffsbrücke Wuppermündung

Während Brücken und Fähren keine Seltenheit sind, hat sich an der früheren Wuppermündung ein seltenes typologisches Zwischenglied erhalten: eine Schiffsbrücke. Diese wird im Rahmen der Regionale 2010 wiederhergestellt.

Heinrich Gless, Inhaber der Fährrechte zwischen Rheindorf und Rheinkassel, übernahm 1929 die hier 1920 angelegte Pontonbrücke und baute sie weiter aus. Nachdem 1956/57 ein Hochwasser die Pontonbrücke zerstört hatte, erwarb Gless drei aus den Niederlanden stammende stählerne Schiffsrümpfe, die er zu einer Steganlage verband. Eine Gaststätte wurde eingerichtet, und auch als in den 1960er Jahren im Osten die Autobahn entstand und anschließend die Wupper nordwärts verlegt wurde, blieb der Übergang über den damals abgetrennten Unterlauf des Flusses ein beliebtes Ausflugsziel.

Ab 1980 kam es zu mehreren Verkäufen. Schäden an den Schiffen und steigende Sicherheitsvorschriften machten umfangreichere Reparaturarbeiten notwendig. 1992 brannte eines der Schiffe aus und ging unter; erst 1995 gelang eine Sicherung der Anlage. In diesem Jahr gründete sich auch der „Förderverein Schiffsbrücke Wuppermündung e.V.“. Er konnte die Brücke übernehmen und organisierte die Sanierung der maroden Schiffsrümpfe. Die drei Schiffe, denen Gless die Namen „Einigkeit“, „Recht“ und „Freiheit“ gegeben hatte, sind:

Die Schiffsbrücke an der Wuppermündung im Jahr 1970 mit dem damaligen Inhaber Heinrich Gless (links) – bis in die 1980er Jahre war sie ein beliebtes Ausflugsziel.

- ein Aalschokker aus dem Jahre 1924 (die „Recht“)
- ein Flussklipper, gebaut 1907 (die „Einigkeit“)
- eine Tjalk aus dem Jahre 1902 (die „Freiheit“)

Alle drei Schiffe dokumentieren die Handels- und Fischereischifffahrt auf dem Niederrhein. Nachdem 2003/04 die Grundsanierung der Schiffsrümpfe abgeschlossen werden konnte, wurde die Planung und Finanzierung der Wiederherstellung der Brücke in Angriff genommen. Statt des Klippers „Einigkeit“ wird ein Versorgungsponton neben den beiden anderen nutzbaren, aber fest eingebundenen Schiffen den Brückensteg tragen. Der Klipper soll als fahrtüchtiges Ausflugs- und Seminarschiff bei der Anlage stationiert werden.
Das Projekt „Schiffsbrücke Wuppermündung“ ist unter der Rubrik „Kulturelles Erbe“ bei der Regionale 2010 eingestuft und befindet sich damit in guter Gesellschaft, unter anderem mit der Klosterlandschaft Heisterbach (siehe S. 24), Schloss Homburg und dem Flughafen Butzweilerhof in Köln sowie den Mühlen und Hämmern links und rechts des Rheins. Neben einer kleinen Bewirtschaftung soll die Schiffsbrücke auch für kulturelle Veranstaltungen sowie als außerschulischer Lernort für Kindereinrichtungen und Schulen in den Bereichen Lokalgeschichte und Naturschutz genutzt werden. Dabei gehen die Initiatoren davon aus, dass die Anlage als Denkmal aufgrund der hervorragenden Lage unmittelbar am Rhein und in einem Landschaftsschutzgebiet wie früher eine große Anziehungskraft auf Freizeitsportler, Radwanderer und Spaziergänger ausüben wird.
Ab 2011 werden die drei Schiffe wieder in der Wuppermündung liegen und eine durchgehende Verbindung zwischen Wiesdorf und Rheindorf direkt entlang des Rheinufers bieten.

Die alte Schiffsbrücke – ab 2011 kann man die Wupper an dieser Stelle wieder überqueren.

TOURISMUSINFORMATION
Stadt Leverkusen
Tel. 0214 / 406-0
www.leverkusen.de
Umfangreiche Informationen über die Stadt Leverkusen, ihre Geschichte und Baudenkmale

Informationen zu den **Baudenkmalen**: www.leverkusen.com/denkmal/

Informationen zum Projekt **Schiffsbrücke Wuppermündung** der Regionale 2010 unter: www.regionale2010.de

Informationen über **Bayer** und **Chempark** unter: www.bayer-und-leverkusen.de

HEREINGESCHAUT!
Neuland-Park Leverkusen
Eingang Mitte, Adolfsstraße
www.neuland-park.de
Apr. – Mitte Okt. 6–22 Uhr,
Mitte Okt. – März 6–18 Uhr
Der Neuland-Park gehört zum Netzwerk der „Rheinperlen“: www.rhein-perlen.de
Der Park verfügt unterhalb der „Wacht am Rhein“ über einen Steiger

Der Neuland-Park bietet auch mehrere Spielplätze.

Kolonie-Museum der Baywoge
(Bayer Wohnungsgesellschaft)
Nobelstr. 78–82
51373 Leverkusen-Wiesdorf
www.koloniemuseum.de
Fr–So 15–18 Uhr, nach Vereinbarung auch außerhalb der Öffnungszeiten
Eintritt frei
An der Ecke August-Kekulé-Straße/Albert-Einstein-Straße in Wiesdorf befindet sich zudem ein „Mustergarten“ nach altem Vorbild

EINKEHREN
„Die Wacht am Rhein“
Rheinallee 3
51373 Leverkusen-Wiesdorf
Tel. 0214 / 50 69 98 81
www.diewachtamrhein.de
Mo–Sa 9–24 Uhr, So 10–23 Uhr

Restaurant „Villa Knöterich“
Unterstr. 2
51371 Leverkusen-Rheindorf
Tel. 0214 / 202 76 24
www.villa-knoeterich.de
Do–Sa ab 18 Uhr, So, feiertags ab 12 Uhr und auf Anfrage

Schiffsbrücke Wuppermündung, Gastronomie/Ausstellung
Eröffnung ab April 2011

Die Gaststätte „Wacht am Rhein“ mit Blick auf den Chempark
Lichthof der alten Bayer-Hauptverwaltung

Erlebnisraum Hitdorf

Das stille, kaum touristisch erschlossene Hitdorf lädt zu einem Ausflug mit Kindern, auf dem Fahrrad oder einfach nur zum Schlendern und Durchatmen ein. Der breite Grünzug vor dem Ort bietet neben Spielplatz und Biergarten (unweit der Fähre) viel Freiraum. Rheinfähre, Hafenanlage und die historischen Häuser an der Rheinstraße erzählen von der langen Vergangenheit als Fischerort und Bergischer Hafen.

Direkte Anschlussmöglichkeiten haben Sie von hier aus zu den Erlebnisräumen 9 (Niehl–Langel, über die Fähre nach Langel) und 10 (Leverkusen-Wiesdorf). Vor allem mit dem Fahrrad können Sie die weitere Umgebung ideal erkunden, etwa die Kiesseen mit Badegelegenheit östlich des Ortes oder das Auengebiet des Monheimer Rheinbogens ein kleines Stück weiter nördlich. Hitdorf bietet zu jeder Jahreszeit ein eindrucksvolles Natur- und Rheinerlebnis.

Anfahrt:

ÖPNV: Buslinie 233 zwischen Leverkusen-Mitte und Monheim; der linksrheinische Fährpunkt Langel wird ebenfalls per Bus angefahren (Linie 121)

Schiff: Da Hitdorf nicht per Rundfahrt angelaufen wird, bietet einzig die Fähre Langel–Hitdorf Zugang per Schiff.

Fahrrad: Rechtsrheinisch von Norden und Süden entlang des Rheins, von der linken Rheinseite Übersetzen mit der Autofähre.

Auto: A 59 bis Ausfahrt Rheindorf. Alternativ linksrheinisch Anfahrt über die Neusser Landstraße (B 9) und Mennweg/Hitdorfer Fährweg nach Langel. Parkmöglichkeiten am Hitdorfer und Langeler Fähranleger sowie am Hitdorfer Hafen.

Die Autofähre Hitdorf–Langel vor dem Hitdorfer Uferpanorama

Zwei alte Kräne erinnern an den einstigen Handelshafen in Hitdorf.

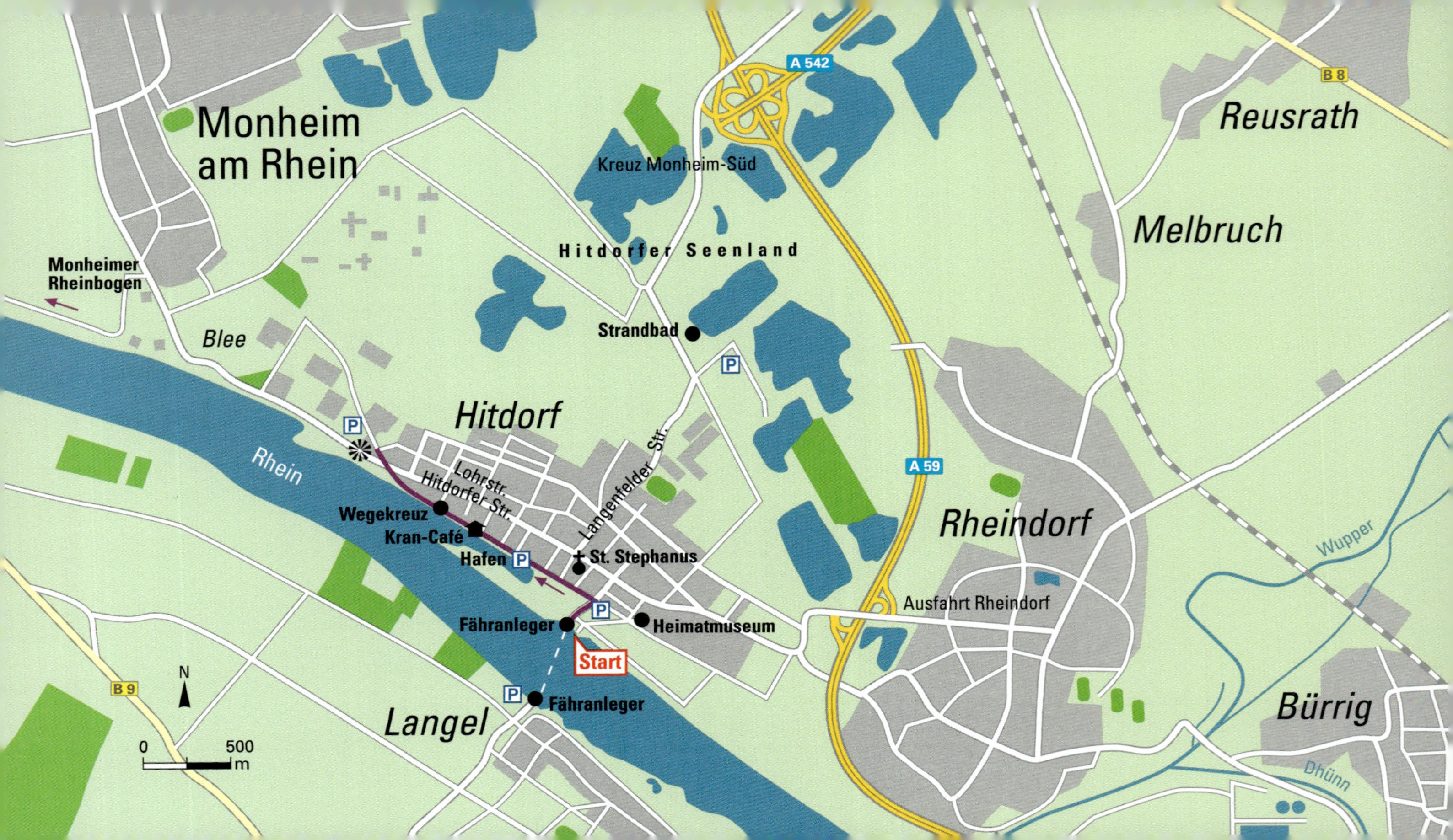

Monheim am Rhein
Kreuz Monheim-Süd
A 542
B 8
Reusrath
Melbruch
Hitdorfer Seenland
Monheimer Rheinbogen
Blee
Strandbad
Hitdorf
Rhein
Lohrstr.
Hitdorfer Str.
Langenfelder Str.
Wegekreuz
Kran-Café
Hafen
St. Stephanus
A 59
Rheindorf
Wupper
Ausfahrt Rheindorf
Fähranleger
Heimatmuseum
Start
Fähranleger
Langel
B 9
N
0
500
m
Bürrig
Dhünn

Bergischer Hafen und Tor zum Niederrhein

Neben Mülheim und Zündorf war Hitdorf einer der bedeutendsten Bergischen Häfen am rechten Rheinufer. Eine Kiesbank, die „Hitdorfer Platte“, soll bis ins frühe 19. Jahrhundert viele Schiffe hier zum Anhalten gezwungen haben.
Hitdorf wurde 1151 erstmals als Huttorp genannt und gehörte seit dem Mittelalter zum Amt Monheim im Herzogtum Berg. Mit Rheindorf bildete der Ort seit 1897 eine Verwaltungsunion. Als 1931 das Amt Rheindorf aufgelöst und die Ortschaft Rheindorf in die Stadt Leverkusen eingemeindet wurde, besaß Hitdorf zunächst den Status einer selbstständigen Stadt im Rhein-Wupper-Kreis. 1960 wurde der Ort wiederum ein Teil der Gemeinde Monheim, bevor er ab 1975 in der Stadt Leverkusen aufging.

Rheinfähre Langel–Hitdorf

Auch bei dieser Tour bietet sich der Fähranleger als Ausgangspunkt an. Das Hitdorfer Fährrecht wurde erstmals 1633 beurkundet; gegenüberliegende Fährstelle war das kurkölnische Langel, unweit der alten Römerstraße nach Neuss gelegen und Standort eines großen Hofgutes.
Der Fährdienst war offensichtlich bei den Schiffern begehrter als längere Transport- und Handelsfahrten oder die Fischerei; zeitweise konkurrierten deshalb verschiedene Hitdorfer Fährleute so heftig miteinander, dass verboten werden musste, sich gegenseitig die Kundschaft abzujagen. 1654 wurde dem Schaldenfahrer Gudert Grisen auferlegt, ein halbes Ohm (137,4 Liter) Bier zu spenden, nachdem er unberechtigterweise Kölner Kaufleute „bedient“ hatte. Auch wurde den Schiffern

Historische Schiffe im Hitdorfer Hafen

untersagt, den Handelsleuten „bis ins Feld entgegenzulaufen“. Mitte des 18. Jahrhunderts kam es zu einem Streit mit Langeler Schiffern um das alleinige Fährrecht der Hitdorfer, der sich mehr als hundert Jahre hinzog. Nach langem Gerichtsstreit wurde geteiltes Fährrecht beschlossen, obwohl nur die Hitdorfer die benötigten Fährnachen besaßen und schließlich mit verschiedenen Auflagen erneut den beidseitigen Fährbetrieb übernahmen.
Weil die „I.G. Farbenindustrie“ Leverkusen eine bessere Verbindung zu ihrem Werk in Dormagen anstrebte, wurde 1924 der Ausbau der

Die Hitdorfer Fähre hat eine jahrhundertealte Tradition und wird auch heute noch rege genutzt.

Fährverbindung in Angriff genommen. Die Städte Köln (zu dem inzwischen das gegenüberliegende Langel gehörte), Hitdorf und der Landkreis Solingen-Lennep bildeten eine Fährgemeinschaft, um das Projekt zu finanzieren, und brachten 400.000 Reichsmark für ein neues Fährschiff und den Bau einer neuen Zufahrt auf – der heutigen Fährstraße über den erst um 1970 zugeschütteten toten Rheinarm „Im Laach". 1930 konnte dann die erste Hitdorfer Großfähre in Betrieb genommen werden.
Die Konkurrenz der neuen Autobahnbrücke zwischen Leverkusen und Köln-Merkenich bewirkte ab 1965 empfindliche Einbußen für die Fähre, deren Bestand als Entlastungs- und Freizeitübergang aber durch die Städte Köln und Leverkusen bis heute sichergestellt ist.

St. Stephanus

Wenn Sie vom Fähranleger in Richtung Norden am Rhein entlanggehen, erblicken Sie rechts die katholische Pfarrkirche St. Stephanus, einen Bau im neoromanischen Stil mit einer weithin sichtbaren doppeltürmigen Westfassade. Sie wurde in den 1880er Jahren nach Entwürfen von Vincenz Statz erbaut, wobei der zweite Turm später ergänzt wurde. Die Gestalt der Kirche soll für ähnliche Bauten in Schlebusch **(Vierflüsseland, Bd. 2)** und Bürrig Vorbild gewesen sein. Nachdem die Kirche während des Zweiten Weltkriegs durch alliierten Beschuss von der anderen Rheinseite erheblich beschädigt worden war, stellte man das Wahrzeichen unverändert wieder her. Neben einer bauzeitlichen Innenausstattung haben sich auch ältere Kunstwerke erhalten.
Die nun folgende Langenfelder Straße – eine der alten Fährgassen – zeigt noch ein historisches Ensemble von prächtigen Kaufmanns- und kleinen Schifferhäusern.

Über den Rheinauen erhebt sich die Kirche St. Stephanus.

Den Rhein hinab – Auswandern über Hitdorf

Auswanderung aus wirtschaftlichen Gründen eine Massenbewegung; dabei waren die Vereinigten Staaten – neben Russland – das Hauptziel deutscher Auswanderer. Nicht mehr ausreichende landwirtschaftliche Flächen, aber auch zunehmende Verdrängung von Hand- durch Maschinenarbeit ließ vielen Menschen die Auswanderung als einzigen Ausweg erscheinen.

Während für Auswanderungswillige aus Nord- und Ostdeutschland die deutschen Seehäfen, insbesondere Hamburg, Cuxhaven und Bremerhaven, als Einschiffungsplätze dienten, war für Westdeutschland zumindest bis zum Ausbau der Eisenbahn der Weg über den Rhein nach Rotterdam naheliegend. Die im 18. Jahrhundert eingeführten regelmäßigen „Diligencen" – eine Art Postdienst zu Wasser – verbanden die Rheinhäfen mit den großen Handelsstädten an der Küste. Es entstanden, etwa in Solingen und Elberfeld, „Auswander-Gesellschaften", die in Verbindung mit bereits Emigrierten traten. Oft reisten mehrere Familien

In Köln-Porz-Ensen steht das „Amerika-Kreuz": „Errichtet den 7ten Aug. 1869 von Balthasar Schmitz in America, geb. zu Ensen"

gemeinsam, organisiert durch einen Agenten, so auch ab dem „Bergischen Hafen“ Hitdorf. Ein zeitgenössischer Bericht von 1834 erzählt unter anderem davon, dass schon in der ersten Nacht ein Kind zur Welt kam; mehrere Tage dauerte die Fahrt auf dem Segelboot eines Weseler Schiffers bis zum Grenzort Nimwegen, wo den Auswanderern Papiere ausgestellt wurden. In Rotterdam wurde auf einen „Schnellsegler“ umgestiegen, der nach gut drei Wochen Baltimore erreichte. Andere Auswanderer machten Zwischenstation in den Überseehäfen von Le Havre oder Portsmouth, bevor sie den „großen Sprung“ wagten.
Zwischen 1852 und 1857 wanderten allein aus Leichlingen 34 Familien mit bis zu zehn Kindern nach Amerika aus; die Überfahrt wurde mit den Erlösen aus dem Verkauf von Haus, Grund und sonstiger Habe bezahlt, so dass in der „Neuen Welt“ wieder ganz von vorne begonnen werden musste. Angesichts der Entfernungen konnten die Ausgewanderten nur per Post Verbindung zu ihren zurückgebliebenen Angehörigen halten. Sie berichteten von den Strapazen der Reise, dem Verlust von Angehörigen, aber auch ersten Erfolgen in der Ferne.
Eine in den 1980er Jahren im Bergischen Museum Schloss Burg gezeigte Ausstellung erinnerte an die Bergische Auswanderung vor dem Hintergrund aktueller Migrationsbewegungen. Seither hat das Thema zahlreiche volkskundliche Studien und Darstellungen angeregt (etwa im LVR-Freilichtmuseum Kommern) und die „Angelpunkte“ der Auswanderung, insbesondere Seehäfen sowie das legendäre Ellis Island in New York, in Erinnerung gerufen, wo Museen und Gedenkstätten entstanden. An anderer Stelle des Rechtsrheinischen, in Ensen bei Köln-Porz, erinnert das „Amerika-Kreuz“ auf dem Marktplatz an den 1860 ausgewanderten Bauernsohn Balthasar Schmitz, der in der „Neuen Welt“ schnell zu Wohlstand kam.

Der Rhein diente im 19. Jahrhundert vielen Auswanderern als direkte Verbindung zum Seehafen Rotterdam. Holzstich von 1864

Hitdorfer Hafen

Der Hitdorfer Hafen wurde bereits im 14. Jahrhundert urkundlich erwähnt. Ursprünglich bot ein natürlicher, lang gestreckter Rheinarm einen geschützten Liegeplatz für die Schiffe. Im 17. und 18. Jahrhundert wurde Hitdorf ein beliebter Handelsplatz, der zwischen den Niederlanden und dem dicht bevölkerten und „gewerbefleißigen" Bergischen Land **(Bergische Höhen, Bd. 3)** vermittelte. Durch die frühe Industrialisierung der Region nahmen Gütertransport und Umschlag im Hafen immer mehr zu, und bis zu zweihundert Menschen fanden dort Arbeit.

Einen wirtschaftlichen Rückgang verzeichnete der Hafen um 1825, als die ersten Dampfschiffe den Rhein befuhren und die „Hitdorfer Platte" abgetragen wurde. Der Bau der Eisenbahn sorgte für eine weitere Verminderung des Güterumschlags. In der ersten Hälfte des 19. Jahrhun-

Kaufmannshäuser am Hitdorfer Hafen

Zeugen der Eisenbahngeschichte

derts traten zahlreiche Auswanderer aus der Region von hier aus ihren Weg über Rotterdam in die „Neue Welt“ an. Einen vorübergehenden Aufschwung erfuhr der Hafen durch die elektrische „Kleinbahn“, eine private Nebenstrecke, die 1909 vom Staatsbahnhof Langenfeld über Monheim nach Hitdorf gebaut wurde. Ein Jahr später wurde erstmals eine Kaianlage (Werft) mit einem elektrischen Kran errichtet. Doch Ende der 1970er Jahre konnte der Hafen nicht mehr mit den anderen Transportmitteln und Rheinhäfen konkurrieren; so wurde er endgültig Sporthafen mit zwei Yachtclubs.

Zwei betagte Kräne halten die Erinnerung an den kommerziellen Handelshafen wach; während der eine dem Sportbootbetrieb dient, ist der andere, am nördlichen Ende der Kaimauer gelegen, als Café in Betrieb, von dem aus ein Biergarten versorgt wird. Unterhalb des Krans hat ein Traditionsschiff seinen Liegeplatz.

Der denkmalgeschützte Kran von 1927 beherbergt heute ein Café.

Kaufmanns- und Fischerhäuser in der Rheinstraße

In Höhe des heutigen Hafens entstanden an der Rheinstraße im 17. und 18. Jahrhundert eine Reihe stattlicher Handelshäuser, die als verputzte Backsteinbauten errichtet wurden. Einige wurden später als Fabriken genutzt, die von der Hafennähe profitierten.

Das im Kern bereits im 17. Jahrhundert entstandene Anwesen Caspers-Neess (Rheinstraße 54) besteht aus zwei großen, gegeneinander versetzten Giebelhäusern; im Hof schließen sich Ställe und Remisen an. Aus dem Kaufmannshaus wurde später eine Zigarrenfabrik, heute bietet es „Bed & Breakfast".

Die erste Hitdorfer Tabakfirma wurde schon 1765 von Johann Peter Dorff gegründet, 1791 entstand das außergewöhnlich repräsentative

Das barocke Wohnhaus der Tabakfabrikanten Dorff

Haus (Langenfelder Straße 3). Im Zweiten Weltkrieg wurden die Fabrik, das Lager und das Wohnhaus schwer beschädigt und der Rohtabak vernichtet. Mit Hilfe des im süddeutschen Zweigbetrieb lagernden Tabaks konnte die Fabrikation schließlich wieder aufgenommen werden, bis die Firma Dorff in den 1960er Jahren schloss.

Im Kontrast zu den großen, wenn auch meist schlichten Kaufmannshäusern stehen die ehemaligen Häuschen der Fischer an der Rheinstraße und der Tagelöhner an der Stromstraße. Der Ortsteil „Auf'm Lohr", auf dem nördlichen Rheinufer gelegen, war schon immer die eigentliche Fischer- und Schiffersiedlung. Hier standen, am Hafen beginnend, die sogenannten Fischkaten, bis heute vertreten durch das Haus Rheinstraße 66, erbaut um 1650. Vor dem Yachtclub sehen Sie ein Wegekreuz des Rheindorfer Handelsherren Heinrich Adolfs von 1720 mit Schifffahrtsemblemen; dahinter einen Gedenkstein für den 1706 ertrunkenen Wilhelm Koenig.

Aktuell entsteht an der Hitdorfer Rheinfront der neue Hochwasserschutz, der bis Ende 2010 fertiggestellt sein soll. Auf Höhe der Einmündung der Rheinstraße in die Hitdorfer Straße bietet sich Ihnen ein schöner Blick in die niederrheinische Landschaft, der am Worringer Ufer mit seinen Chemiewerken endet. Wenn Sie der Rheinuferstraße weiter nach Norden folgen, erreichen Sie nach wenigen hundert Metern den Bleer Auenbogen, an den sich der weitläufige Monheimer Rheinbogen anschließt. Östlich von Hitdorf liegt das Naherholungsgebiet der „Hitdorfer Seenplatte".

Rheinufer bei Hitdorf

Gedenkkreuz für einen 1706 ertrunkenen Schiffer

TOURISMUSINFORMATION

Stadt Leverkusen
Tel. 0214 / 406-0
www.leverkusen.de

Über die **Ortsgeschichte** informiert die Internetseite: www.hitdorf-lev.de

Informationen zu den **Baudenkmalen in Leverkusen** unter:
www.leverkusen.com/denkmal/index.php

Informationen zum **Sportboothafen Hitdorf** unter: www.hafen-hitdorf.de

UNTERWEGS

Rheinfähre Langel–Hitdorf
Apr.–Sept. Mo–Fr 6–20 Uhr, Sa, So, feiertags 9–20 Uhr,
Okt.–März Mo–Fr 6–19 Uhr, Sa, So, feiertags 10–20 Uhr
Abfahrt nach Bedarf
Tickets: Erw. 1 €, Kinder 0,50 €, PKW mit Fahrer 3 €

Historische Informationen zur **Rheinfähre** unter:
www.hitdorf-lev.de/die-faehre.htm

HEREINGESCHAUT!

Flow Fine Art Galerie
Rheinstr. 54
Tel. 02173 / 409 99 99
www.flowfineart.com
Sonntagsmatinee an jedem letzten Sonntag des Monats 11–14 Uhr; sonst Besuch nach Anmeldung

Heimatmuseum „Türmchen am Werth“
Heimatverein Hitdorf e. V.
Am Werth 1
51371 Hitdorf
Tel. 02173 / 401 54 (Hans Kürten)
www.heimatverein-hitdorf.de
Während Ausstellungen So 14.30–17 Uhr und auf Anfrage

Der einst bedeutende Hitdorfer Hafen dient heute der Sportschifffahrt.